Krick / Walther · Parkoursport

Florian Krick / Christoph Walther

# Parkoursport

## Le Parkour & Freerunning für Schule und Verein

Limpert Verlag Wiebelsheim

Die Ratschläge in diesem Buch sind von den Autoren und dem Verlag sorgfältig erwogen und geprüft, dennoch kann keine Garantie übernommen werden. Eine Haftung der Autoren bzw. des Verlages und seiner Beauftragten für Personen-, Sach- und Vermögensschäden ist ausgeschlossen.

**Bibliografische Information der Deutschen Nationalbibliothek**
Die Deutsche Nationalbibliothek verzeichnet diese Publikation in der Deutschen Nationalbibliografie; detaillierte bibliografische Daten sind im Internet über http://dnb.de abrufbar.


1. Auflage 2014
© 2014, by Limpert Verlag GmbH, Wiebelsheim
www.limpert.de

Druck und Verarbeitung: COULEURS Print & more GmbH
Printed in Slovenia / Imprimé en la Slovénie
ISBN 978-3-7853-1885-0

# Inhaltsverzeichnis

**1  Einleitung** . . . . . . . . . . . . . . . . . . . . . . . . . . . . . . . . . . . . . . . . . . . . . **8**

**2  Parkoursport, was ist das?** . . . . . . . . . . . . . . . . . . . . . . . . . . . . . . . **10**
2.1  Entstehung von Le Parkour . . . . . . . . . . . . . . . . . . . . . . . . . . . . . . . 10
2.2  Begriffsbestimmung und Philosophie von Le Parkour . . . . . . . . . . . . 11
2.3  Die Weiterentwicklung von Le Parkour: Freerunning & Co. . . . . . . . . . 12
    2.3.1  Freerunning . . . . . . . . . . . . . . . . . . . . . . . . . . . . . . . . . . . . 12
    2.3.2  Tricking . . . . . . . . . . . . . . . . . . . . . . . . . . . . . . . . . . . . . . 13
    2.3.3  Parcouring . . . . . . . . . . . . . . . . . . . . . . . . . . . . . . . . . . . . 14
2.4  Die grundlegende Bewegungsidee . . . . . . . . . . . . . . . . . . . . . . . . . 14

**3  Potenziale der Kunst der (Fort-)Bewegung** . . . . . . . . . . . . . . . . . . . **17**
3.1  Potenzial der Bewegung . . . . . . . . . . . . . . . . . . . . . . . . . . . . . . . . 17
3.2  Umgang mit Wagnissen . . . . . . . . . . . . . . . . . . . . . . . . . . . . . . . . 18
3.3  Sicherheitserziehung . . . . . . . . . . . . . . . . . . . . . . . . . . . . . . . . . . 18
3.4  Entwicklungsförderung durch Parkoursport . . . . . . . . . . . . . . . . . . 19
3.5  Differenzierungspotenzial des Parkoursports . . . . . . . . . . . . . . . . . 20

**4  Hinweise zur Sicherheit** . . . . . . . . . . . . . . . . . . . . . . . . . . . . . . . . . **21**
4.1  Hinweise zu Geräteaufbauten in der Halle . . . . . . . . . . . . . . . . . . . 21
    4.1.1  Standsicherheit, Funktionstüchtigkeit und Belastbarkeit der Geräte . . 22
    4.1.2  Absicherung der Geräte durch Matten; personale Voraussetzungen . . 22
    4.1.3  Sorgsamer Umgang mit Geräten und der Sporthalle . . . . . . . . . 23
4.2  Sicherheits- und Hilfestellung . . . . . . . . . . . . . . . . . . . . . . . . . . . 24
4.3  Anfassen im Rahmen der Hilfestellung – ein Problem? . . . . . . . . . . . 26

**5  Vom Hindernis zur Bewegungslösung: Parkour- & Freerunning-moves** . . **29**
5.1  Parkour-Grundbewegungen . . . . . . . . . . . . . . . . . . . . . . . . . . . . . 29
    5.1.1  Landungen . . . . . . . . . . . . . . . . . . . . . . . . . . . . . . . . . . . . 29
    5.1.2  Vaults . . . . . . . . . . . . . . . . . . . . . . . . . . . . . . . . . . . . . . . 38
    5.1.3  Weitere Techniken . . . . . . . . . . . . . . . . . . . . . . . . . . . . . . . 52
5.2  Freerunning: Bewegungen ausgestalten . . . . . . . . . . . . . . . . . . . . . 59
    5.2.1  Kreative Hindernisüberwindungen . . . . . . . . . . . . . . . . . . . . 59
    5.2.2  Überschlagbewegungen . . . . . . . . . . . . . . . . . . . . . . . . . . . 62
    5.2.3  Verbindungselemente . . . . . . . . . . . . . . . . . . . . . . . . . . . . . 64
    5.2.4  Spins . . . . . . . . . . . . . . . . . . . . . . . . . . . . . . . . . . . . . . . . 65
    5.2.5  Weitere einfache Freerunning-Bewegungen . . . . . . . . . . . . . . 69
    5.2.6  Flips – Fortgeschrittene Freerunning-Bewegungen . . . . . . . . . . 70

**6  Le Parkour & Freerunning im schulischen Sportunterricht** . . . . . . . . . . **76**
6.1  Le Parkour & Freerunning im Erziehenden Sportunterricht . . . . . . . . . 76
6.2  Vorbemerkungen zu den Unterrichtsreihen . . . . . . . . . . . . . . . . . . . 77
    6.2.1  Was ist Le Parkour? – Der Unterrichtseinstieg . . . . . . . . . . . . . 77

      6.2.2  Ab- und Aufbau . . . . . . . . . . . . . . . . . . . . . . . . . . . . . . . . . . . . . . . . . . . . . . . . . .  78

      6.2.3  Beurteilung und Notengebung . . . . . . . . . . . . . . . . . . . . . . . . . . . . . . . . . . . . . .  78

6.3  Unterrichtsreihe Parkour 1: Mit jumps, vaults und underbar (spins) zum Einzel-run . . . . . . . . . . . . . .  79

      6.3.1  Doppelstunde 1: vaults & jumps . . . . . . . . . . . . . . . . . . . . . . . . . . . . . . . . . . . . .  79

      6.3.2  Doppelstunde 2: vaults & Rolle . . . . . . . . . . . . . . . . . . . . . . . . . . . . . . . . . . . . . .  83

      6.3.3  Doppelstunde 3: underbar/Durchbruch . . . . . . . . . . . . . . . . . . . . . . . . . . . . . . . .  84

      6.3.4  Doppelstunde 4: underbar/ Durchbruch & Probe-run . . . . . . . . . . . . . . . . . . . . . .  86

      6.3.5  Doppelstunde 5: Überprüfung und Gruppen-run . . . . . . . . . . . . . . . . . . . . . . . . .  86

6.4  Unterrichtsreihe Parkour 2: Kooperativ zur Bewegungsabfolge in der Gruppe und zum Einzel-run . .  88

      6.4.1  Doppelstunde 1: Parkourtechniken Expertengruppen . . . . . . . . . . . . . . . . . . . . . . .  89

      6.4.2  Doppelstunde 2: Parkourtechniken Stammgruppen 1 . . . . . . . . . . . . . . . . . . . . . . .  89

      6.4.3  Doppelstunde 3: Parkourtechniken Stammgruppen 2 . . . . . . . . . . . . . . . . . . . . . . .  91

      6.4.4  Doppelstunde 4: Parkourtechniken Stammgruppen 3 & 1. Gruppenpräsentation . . . . . . . . . . .  94

      6.4.5  Doppelstunde 5: Kriterien Gruppenpräsentation & run . . . . . . . . . . . . . . . . . . . . .  94

      6.4.6  Doppelstunde 6: Präsentation und Evaluation . . . . . . . . . . . . . . . . . . . . . . . . . . .  95

6.5  Unterrichtsreihe Freerunning – Hindernisüberwindungen gestalten . . . . . . . . . . . . . . . . . . . . . .  96

      6.5.1  Doppelstunde 1: Parkour-Basics . . . . . . . . . . . . . . . . . . . . . . . . . . . . . . . . . . . . .  98

      6.5.2  Doppelstunde 2: Parkour-run . . . . . . . . . . . . . . . . . . . . . . . . . . . . . . . . . . . . . . .  101

      6.5.3  Doppelstunde 3: Freerunning-moves 1 . . . . . . . . . . . . . . . . . . . . . . . . . . . . . . . . .  102

      6.5.4  Doppelstunde 4: Freerunning-moves 2 . . . . . . . . . . . . . . . . . . . . . . . . . . . . . . . . .  105

      6.5.5  Doppelstunde 5: Gestaltung des runs . . . . . . . . . . . . . . . . . . . . . . . . . . . . . . . . .  106

      6.5.6  Doppelstunde 6: Bewertung der Partner-runs und Gruppenchoreografie . . . . . . . . . . . . . . . . .  108

6.6  Möglichkeiten zum Abschluss von Unterrichtsreihen . . . . . . . . . . . . . . . . . . . . . . . . . . . . . . . .  108

      6.6.1  Video- und Fotoprojekte . . . . . . . . . . . . . . . . . . . . . . . . . . . . . . . . . . . . . . . . . .  108

      6.6.2  Spielerischer Abschluss . . . . . . . . . . . . . . . . . . . . . . . . . . . . . . . . . . . . . . . . . . .  109

**7  Parkour als Erlebnis – Indoor- und Outdooraktionen** . . . . . . . . . . . . . . . . . . . . . . . . . . . . . . . . . . . .  **111**

7.1  Parkour outdoor in Schule und Verein . . . . . . . . . . . . . . . . . . . . . . . . . . . . . . . . . . . . . . . . .  111

      7.1.1  Sicherheitsaspekte beim Parkour outdoor . . . . . . . . . . . . . . . . . . . . . . . . . . . . . . .  112

      7.1.2  Eine Doppelstunde „richtig" Parkour . . . . . . . . . . . . . . . . . . . . . . . . . . . . . . . . . .  113

7.2  Le Parkour als Projekttag . . . . . . . . . . . . . . . . . . . . . . . . . . . . . . . . . . . . . . . . . . . . . . . . .  115

      7.2.1  Planung und Vorbereitung . . . . . . . . . . . . . . . . . . . . . . . . . . . . . . . . . . . . . . . . .  116

      7.2.2  Durchführungsvorschlag . . . . . . . . . . . . . . . . . . . . . . . . . . . . . . . . . . . . . . . . . .  116

      7.2.3  Stationsvorschläge . . . . . . . . . . . . . . . . . . . . . . . . . . . . . . . . . . . . . . . . . . . . . .  117

**8  Vom Geräteaufbau zur Bewegungslösung: Kreative Aufbauideen und Bewegungskombinationen** . . . .  **119**

8.1  Passements zum Aufwärmen . . . . . . . . . . . . . . . . . . . . . . . . . . . . . . . . . . . . . . . . . . . . . . .  119

8.2  Tic tac-Varianten . . . . . . . . . . . . . . . . . . . . . . . . . . . . . . . . . . . . . . . . . . . . . . . . . . . . . .  120

      8.2.1  Tic tac-Reihen . . . . . . . . . . . . . . . . . . . . . . . . . . . . . . . . . . . . . . . . . . . . . . . . . .  120

      8.2.2  Tic tac – Präzisionssprung . . . . . . . . . . . . . . . . . . . . . . . . . . . . . . . . . . . . . . . . .  120

      8.2.3  Treppe & Wand . . . . . . . . . . . . . . . . . . . . . . . . . . . . . . . . . . . . . . . . . . . . . . . .  120

      8.2.4  Wall & Plateaus . . . . . . . . . . . . . . . . . . . . . . . . . . . . . . . . . . . . . . . . . . . . . . . .  121

8.3  Armsprungvarianten . . . . . . . . . . . . . . . . . . . . . . . . . . . . . . . . . . . . . . . . . . . . . . . . . . . .  121

      8.3.1  Doppelarmsprung . . . . . . . . . . . . . . . . . . . . . . . . . . . . . . . . . . . . . . . . . . . . . . .  121

      8.3.2  Katze-Armsprung-Kombination . . . . . . . . . . . . . . . . . . . . . . . . . . . . . . . . . . . . . .  122

      8.3.3  Tic tac – Armsprung . . . . . . . . . . . . . . . . . . . . . . . . . . . . . . . . . . . . . . . . . . . . .  122

      8.3.4  Armsprung und tic tac in der Mattenecke . . . . . . . . . . . . . . . . . . . . . . . . . . . . . . .  122

      8.3.5  Armsprung, tic tac & Tribüne . . . . . . . . . . . . . . . . . . . . . . . . . . . . . . . . . . . . . . .  123

     8.3.6 Armsprung an Tribüne – Experten ............................................ 123

     8.3.7 Tic tac – Armsprung an Tribüne – Experten ............................... 124

  8.4 Durchbruch-Varianten............................................................. 124

     8.4.1 Durchbruch am Doppelreck ............................................. 124

     8.4.2 Hoher Durchbruch ....................................................... 125

     8.4.3 Durchbruch, lâché und Präzi ........................................... 125

  8.5 Präzis ........................................................................... 125

     8.5.1 Präzisionslandung gefragt............................................... 125

     8.5.2 Tic tac – Präzisionssprung ............................................... 126

     8.5.3 Hohe Präzisionssprünge und Reck ..................................... 126

  8.6 High-jumps ..................................................................... 127

     8.6.1 High-jump mit Absprunghilfe .......................................... 127

     8.6.2 High-jump mit Kastentreppe ........................................... 128

  8.7 Car jump ........................................................................ 129

  8.8 Hin und zurück ................................................................. 130

  8.9 Das Haus ........................................................................ 130

  8.10 Gitterleiter ..................................................................... 130

  8.11 Cube-Geräte .................................................................... 131

     8.11.1 Cube tower .............................................................. 132

     8.11.2 Cube-Rundlauf .......................................................... 132

     8.11.3 Geräte-Cube-Kombi .................................................... 132

  8.12 Parkourlandschaften in der Hallenübersicht .............................. 133

  8.13 Zusammenfassung ............................................................ 134

**Literatur** ................................................................................ **135**

**Verzeichnis der Bewegungen** ......................................................... **138**

**Bildnachweis** ........................................................................... **139**

**Die Autoren** ............................................................................ **140**

# 1 Einleitung

Das effiziente und zum Teil kunstvolle Überwinden von Hindernissen im Rahmen der Bewegungskultur ist kein neuer Trend, sondern hat eine lange Entstehungsgeschichte. Gleichwohl erlebt es seit dem Beginn dieses Jahrhunderts eine Renaissance und erlangt durch die trendigen Bewegungskünste *Le Parkour* und *Freerunning* große Popularität in der aktuellen Bewegungskultur.

Die Tatsache, dass Le Parkour und Freerunning zunehmend Einzug in Sportvereine und auch in die Schule halten, war für uns Anlass, das vorliegende Buch zu schreiben, um unsere positiven Erfahrungen mit dieser Bewegungskunst (v. a. in der Schule) weiterzugeben. Das Buch richtet sich vornehmlich an (angehende) Sportlehrkräfte, die ihren zeitgemäßen (erziehenden) Sportunterricht durch diese Bewegungskünste bereichern möchten. Daher stellen wir konkrete, mehrfach erprobte Unterrichtsreihen zu Parkour und Freerunning detailliert vor (Kap. 6).

Darüber hinaus richtet sich das Buch an Trainer[1] und Übungsleiter, die Parkour und Freerunning in ihrem Verein anbieten möchten. In Kapitel 7 wird der Erlebnischarakter von Le Parkour in Schule und Verein anhand von exemplarischen Indoor- und Outdooraktionen thematisiert. Anschließend stellen wir kreative Aufbauideen und Bewegungskombinationen vor, die im schulischen Sportunterricht und im Vereinstraining realisierbar sind und von uns bereits realisiert wurden (Kap. 8).

Um die notwendigen fachlichen Voraussetzungen zu schaffen, diese Bewegungskünste in Schule und Verein verantwortungsvoll vermitteln zu können, geben wir praxisrelevante Hinweise zur Sicherheit (Kap. 4) und stellen die Grundbewegungen von Le Parkour und Freerunning vor (Kap. 5).

Im Anschluss an diese Einleitung wird zunächst auf die Entstehungsgeschichte und Philosophie von Le Parkour eingegangen und es werden weitere aktuelle Bewegungskünste vorgestellt, die in teilweise enger Beziehung zu Le Parkour stehen (Kap. 2). In Kapitel 3 skizzieren wir die Potenziale, die u. E. in der Thematisierung dieser Bewegungskunst stecken.

Eine trennscharfe theoretische Abgrenzung zwischen Le Parkour, Freerunning, Tricking und anderen Bewegungskünsten ist zwar weitgehend möglich und kann auf den einschlägigen Internetseiten der einzelnen Bewegungskünste sowie in vielen Foren nachgelesen werden (vgl. z. B. www.myparkour.com, www.freerunning.net, www.tricking-academy.ch). Die Unterscheidung ist den meisten Sportlern auch bekannt. Gleichwohl findet eine zunehmende, auch bewusste, Vermischung der unterschiedlichen Bewegungsformen (besonders Le Parkour, Freerunning und teilweise auch Tricking) in der Praxis statt. So sind in vielen „Parkour-Videos" *flips*[2] und *spins*[3] zu sehen, die eigentlich eher dem Freerunning oder Tricking zuzuordnen wären. „Die Überschneidungen der Bewegungsaktionen von Parkour und Freerunning (...) jenseits aller Bewegungsphilosophien (führen) dazu, dass in der Praxis die strengen Abgrenzungen nur von den Ideologen und Puristen getroffen werden" (Schmidt-Sinns & Scholl,

---

[1] Mit Rücksicht auf die Lesbarkeit des Textes verwenden wir in diesem Buch nur die maskuline Form. Gemeint sind jedoch stets weibliche und männliche Personen.

[2] Flip wird als Synonym für Salto verwendet.
[3] Spins sind Drehungen um die Körperlängsachse.

2010, S. 5). Auch im Sportunterricht werden zwar unserer Erfahrung nach die Unterschiede thematisiert, aber i. d. R. eine Mischung aus Parkour und Freerunning (und seltener Tricking) praktiziert. Dies zeigt auch eine von Rochhausen durchgeführte Umfrage unter Sportlehrern und Trainern (vgl. Rochhausen, 2013, S. 11). Aus diesem Grund haben wir den Begriff „Parkoursport" im Titel gewählt, der Parkour, Freerunning und Parcouring umfasst (vgl. hierzu auch Abb. 4 in Kapitel 2.2). Auch in den Unterrichtsreihen findet – zumindest teilweise – eine Vermischung von Parkour und Free-

running statt. Gleichwohl stellen wir die Unterschiede in unserem Buch dar und differenzieren in Kapitel 5 Grundbewegungen, die Le Parkour und solche, die dem Freerunning zugeordnet werden können.

Da sich das Freerunning aus Le Parkour weiterentwickelt hat, skizzieren wir im folgenden Kapitel zunächst die Entstehungsgeschichte von Le Parkour und beschreiben, was genau darunter zu verstehen ist, bevor wir dann auf das Freerunning und weitere Bewegungsformen eingehen.

# 2 Parkoursport, was ist das?

## 2.1 Entstehung von Le Parkour

Menschen setzten den eigenen Körper und dessen Bewegungsfähigkeit schon immer nicht nur für existenzielle Zwecke ein, „sondern immer auch in spielerischer Absicht bzw. [überformten ihn] im Wettstreit kulturell [...]" (Prohl & Scheid, 2012, S. 22). Es lassen sich sehr alte Beispiele für Bewegungsformen finden, die Ähnlichkeit mit Le Parkour haben. Schmidt-Sinns, Scholl & Pach verweisen bspw. auf „kunstfertige kul-

Abb. 3 zeigt die „dame du lac". Sie ist ein künstlicher Kletterfelsen im Pariser Vorort Lisses, der als Spot in der Parkour-Szene weltberühmt ist (Quelle: http://www.flipyeahparkour.com/wp-content/uploads/2011/10/Dame-du-Lac-Jerome-Lebret-001.jpeg).

tische Bewegungsleistungen" (Schmidt-Sinns, Pach & Scholl, 2010, S. 21) bereits in der Steinzeit und stellen die geschichtliche Entwicklung anschaulich dar, indem sie auf z. T. „verblüffende Ähnlichkeiten" (ebd., S. 23) mit heutigen Bewegungsformen aus dem Bereich Parkoursport hinweisen.

Die eigentlichen Wurzeln von Le Parkour können indes in der von Georges Hébert (1875–1957) begründeten *méthode naturelle* gesehen werden. Diese Trainingsmethode, die auch mit dem Begriff *Hébertisme* bezeichnet wird (ebd., S. 30), kombiniert athletische Fähigkeiten mit Hilfsbereitschaft, Selbstlosigkeit und Tapferkeit, was in der Devise der *méthode naturelle*: „être fort pour être utile" („sei stark, um nützlich zu sein") zum Ausdruck kommt (Mikulasch, o.J.) und auf Gemeinsamkeiten mit der Philosophie von Le Parkour verweist (s. u.). Raymond Belle, der als französischer Soldat die *méthode naturelle* von Georges Hébert erlernte, gab diese an seinen Sohn David Belle (geb. 1973) weiter, der die Techniken dieser Methode nach dem Umzug in den Pariser Vorort Lisses auf die urbanen Gegebenheiten übertrug und Ende der 1980er Jahre die Sportart Le Parkour (mit-)begründete.

Er schloss sich mit Freunden zur Gruppe *Yamakasi* zusammen, der auch der spätere Begründer des Freerunnings (s. u.) Sébastien Foucan angehörte. Diese Gruppe machte – allerdings ohne Belle, der sich zu diesem Zeitpunkt wieder von der Gruppe distanziert hatte – Le Parkour im Jahr 2001 durch den Film *Yama-*

kasi einer breiteren Öffentlichkeit bekannt. Weit über Frankreichs Grenzen hinaus populär wurde die neue Bewegungsform schließlich durch den von Luc Besson produzierten Film *Banlieu 13* (dt: *Ghettogangz – Die Hölle von Paris*[4]), in dem David Belle die Hauptrolle spielt. Seitdem zeigen viele Filme (z. B. James Bond: Casino Royale, Stirb langsam 4.0), Videoclips (z. B. Hung up von Madonna), Werbeclips (z. B. Nike, Airwaves) und Videospiele (z. B. Tomb Raider, iTraceur) Parkour-Szenen. Auf YouTube finden sich viele Millionen Parkour-Clips und nahezu in allen größeren Städten gibt es Jugendliche, die sich zusammengeschlossen haben, um diesen Sport regelmäßig auszuüben.

Neben informellen Zusammenschlüssen (meist jugendlicher) Traceure – so die Bezeichnung für Sportler, die Le Parkour ausüben – wird diese Bewegungskunst zunehmend institutionalisiert und hält Einzug in Schulen und Verbände. Im Jahr 2005 gründete Belle die *Parkour World Wide Association* (PAWA), von der er sich jedoch ein Jahr später – bedingt durch Auffassungsunterschiede – wieder distanzierte. In Deutschland erhebt die *Parkour Association e. V.* den Anspruch, Parkour offiziell zu repräsentieren (vgl. Parkour Association e. V., 2007, About Association). Aktuell ist eine Website (parkour.com) im Aufbau, die David Belle gehört und von *Parkour91* (www.parkour91.com) betrieben wird. Ziel der Website ist es, Parkour, seine Philosophie und Geschichte auf der ganzen Welt zu verbreiten und alle Traceure zu vereinen.

Seit einigen Jahren wird der Parkoursport kommerzialisiert und vermarktet. Es gibt zunehmend Dienstleister (z. B. ashigaru, move artistics, doParkour, parkourONE, Take Flight), die Services rund um den Parkoursport anbieten wie bspw. Workshops, Fortbildungen, Shows, Performances, Filmproduktionen, Werbespots, Beratung, Fotoshootings, Modelling, Bekleidung. Auch im pädagogischen Kontext wird der jungen Bewegungsform vermehrt Aufmerksamkeit geschenkt, wie zahlreiche Fachveröffentlichungen und Lehrerfortbildungen belegen.

Dessen ungeachtet ist die ursprüngliche Philosophie von Le Parkour (vgl. Kap. 2.2) weitgehend erhalten und wichtiger Kern der Szene. Doch was genau wird nun unter Le Parkour verstanden?

## 2.2 Begriffsbestimmung und Philosophie von Le Parkour

„Le Parkour – l'Art du déplacement – [dt: die Kunst der Fortbewegung] (...) ist eine Kombination aus Körperbeherrschung und Geist (...), die Verbindung von Ästhetik, Balance, Dynamik, Effizienz und Präzision" (vgl. Parkour Association e. V., 2007, Parkour Philosophy).

Die deutsche *Parkour Association e. V.*, von der diese Definition stammt, hat es sich zum Ziel gesetzt, „Parkour originalgetreu zu zeigen, zu vermitteln und weiterzuentwickeln" (ebd., About Association) und bezeichnet sich als „offiziellen Repräsentanten von Parkour". Der *Parkour Association e. V.* folgend ist es das Prinzip von Le Parkour, „sich auf seine Umgebung sowohl im urbanen, wie auch im natürlichen Gelände einzulassen, die gegebenen Hindernisse mittels seiner körperlichen und geistigen Fähigkeiten effizient zu überwinden (...)" (ebd., Parkour Philosophy). Diese oder ähnliche Definitionen finden sich auf vielen Parkour-Internetseiten (z. B. www.parkour-germany. net; www.munichtracers.de) und in vielen Veröffentlichungen (z. B. Schmidt-Sinns, 2008, Witfeld, Gerling & Pach, 2010, S. 26). David Belle, der (Mit-)Begründer von Le Parkour, definiert Le Parkour ebenfalls als „die Kunst des sich Fortbewegens im natürlichen und urbanen Umfeld" (Belle, o.J.c, 0:15–0:18)[5]. Er betont, dass es bei Le Parkour nicht darum gehe, eine *schöne* Bewegung zu zeigen. Vielmehr werde die Bewegung mit zunehmender Sicherheit, Gewandtheit und Leichtigkeit schön. Er vergleicht dies mit einem Puma, der einen Fluss überspringt: Der Puma versuche sicherlich nicht, eine schöne Bewegung auszuführen. Dennoch strahle dieser Sprung zweifelsohne eine gewisse Schönheit aus (Belle, o.J.b, 2:16-2:32). Er geht jedoch über diese auf die Bewegung bezogene Definition hinaus und beschreibt Parkour als Trainingsmethode zur physischen Vorbereitung auf Hindernisse (ebd., 0:54-0:58), als eine Art und Weise sich an die uns umgebende Umwelt anzupassen, als Üben von Techniken, mit denen Hindernisse überwunden werden können (Belle, o.J.a, 0:22-0:35). Dabei seien es nicht nur materielle Hindernisse, die es mit Hilfe der eigenen körperlichen Fähig- und Fertigkeiten zu überwinden gelte. Parkour ist nicht nur die „Kunst der Flucht, der Verfolgung, jemandem zu helfen, der ein Problem hat" (Belle, o.J.d, About Parkour), sondern für Belle ist Parkour mehr als nur

---

[4] Der komplette Film ist bei YouTube in der deutschen Version zu sehen (http://youtu.be/JuZPN4Zi2TQ).
[5] Alle wörtlichen und sinngemäßen Zitate von David Belle aus den schriftlichen Interviews sowie Videointerviews wurden von Florian Krick vom Französischen ins Deutsche übersetzt. Die Zeitangaben beziehen sich auf die Stelle im Video, an der Belle diese Aussage getätigt hat.

Bewegung, mehr als ein Sport; es ist eine Lebensphilosophie, die er in einem Interview wie folgt beschreibt: „Die Philosophie ist es, immer nach vorne zu gehen, niemals anzuhalten. Wenn man einmal ein Problem hat und nicht weiterkommt – man ist auch im Leben manchmal mit Hindernissen und Problemen konfrontiert – gibt es dennoch immer einen (Aus-)Weg" (Belle, o.J.c, 0:35–0:42). Für Belle hat Le Parkour zunächst immer eine nützliche Seite. So gehe es sowohl darum, die erlernten Techniken in kritischen Situationen einsetzen zu können, um sich und andere zu retten, als auch darum, Vertrauen zu sich selbst zu gewinnen, zu lernen aufzupassen: „Für mich ist es eine Kunst, bei der man lernt vorsichtig zu sein" (Belle, o.J.b, 1:35-1:38).

Mehrfach betont Belle in Interviews und auf seiner Website diesen Aspekt des sorgsamen Umgangs mit dem eigenen Körper und der realistischen Selbsteinschätzung der eigenen Fähigkeiten. Dieses Prinzip wird in den einschlägigen Foren und Internetseiten immer wieder in Zusammenhang mit der Philosophie von Le Parkour aufgegriffen: „Eine Grundregel von Parkour ist der Respekt gegenüber anderen, sich selbst und seiner Umwelt" (Parkour Association e.V., 2007, Parkour Philosophy).

## 2.3 Die Weiterentwicklung von Le Parkour: Freerunning & Co.

Neben Le Parkour lassen sich weitere Bewegungskünste unterschiedlichen Ursprungs differenzieren, die z.T. große Bewegungsschnittmengen untereinander und mit Le Parkour aufweisen. Die Abbildung 4 zeigt den Ursprung, die Entstehung, die Weiterentwicklung und die aktuellen Ausprägungen von Le Parkour, Freerunning, Tricking und Parcouring im Überblick. Dabei wird die Bedeutung der jeweiligen Bewegungskunst hinsichtlich der Anzahl der ausübenden Sportler durch die Dicke der Säulen symbolisiert und die Einflüsse der Bewegungskünste aufeinander durch die Pfeile deutlich gemacht. Ausgewiesen sind zudem die Personen, denen die Begründung bzw. Weiterentwicklung der Bewegungskünste maßgeblich zugeschrieben werden.

Auf das Freerunning wird im Folgenden näher eingegangen, da es neben Le Parkour zentraler Gegenstand dieses Buches ist. Anschließend wird kurz erläutert, was unter Tricking und Parcouring zu verstehen ist.

### 2.3.1 Freerunning

Sébastien Foucan gilt als einer der Mitbegründer von Le Parkour. Diese Bewegungskunst war ein zentraler Bestandteil seines Lebens (vgl. Foucan, o.J., Biography), jedoch empfand er irgendwann die Grenzen dieser Bewegungskunst als zu eng, weshalb er seit Beginn der späten 1990er Jahre auf der Grundlage von Le Parkour einen eigenen Style entwickelte und die Bewegungskunst *Freerunning* kreierte (vgl. Foucan, 2013, 0:45–0:58).[6] Im Jahr 2001 präsentierte er in Frankfurt am Main seine erste Freerunning-Show (Foucan, o.J.,

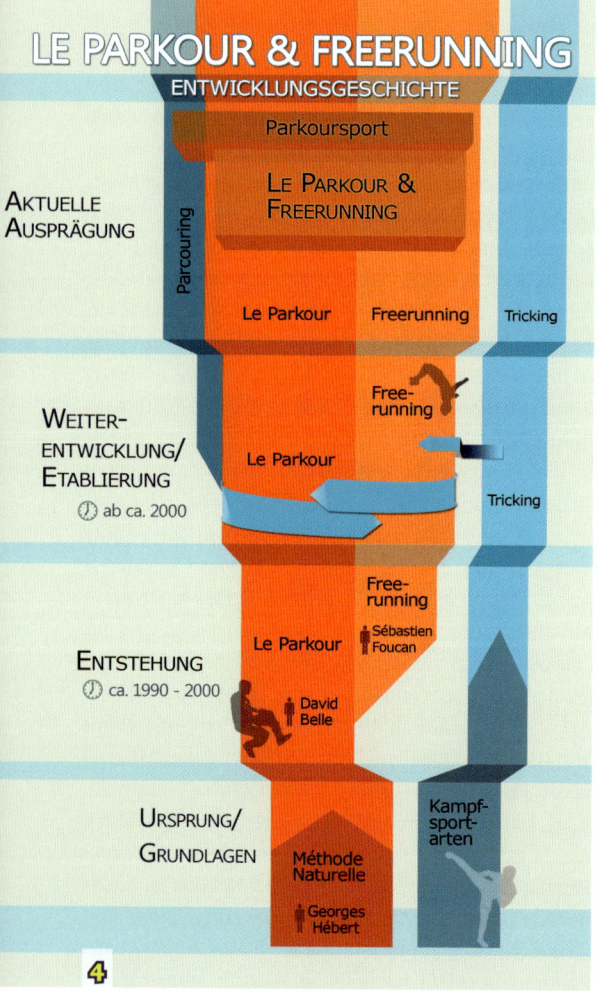

LE PARKOUR & FREERUNNING
ENTWICKLUNGSGESCHICHTE

Parkoursport

LE PARKOUR & FREERUNNING

AKTUELLE AUSPRÄGUNG

Parcouring

Le Parkour    Freerunning    Tricking

Freerunning

WEITER-ENTWICKLUNG/ ETABLIERUNG
⏱ ab ca. 2000

Le Parkour

Tricking

Freerunning

Le Parkour    Sébastien Foucan

ENTSTEHUNG
⏱ ca. 1990 - 2000

David Belle

URSPRUNG/ GRUNDLAGEN

Kampf-sportarten

Méthode Naturelle

Georges Hébert

4

---

[6] Foucan sah Freerunning als Weiterentwicklung von Le Parkour und verstand die beiden Begriffe zunächst synonym. Die Entwicklung einer eigenständigen, neuen Bewegungskunst war ursprünglich nicht von ihm intendiert (ausf. vgl. hierzu Freerunning.net, Freerunning).

Biography). Die TV-Dokumentationen Jump London (2003) und Jump Britain (2005) machten seine Ideen einer breiteren Öffentlichkeit bekannt. Seitdem ist Foucan als Freerunner in zahlreichen Werbeclips (z. B. für Toyota und Nike), Musikvideos (z. B. Jump von Madonna), Filmen (z. B. James Bond: Casino Royale), Shows (z. B. Dancing on ice) u. a. zu sehen (ebd., Biography). Er hat die *Foucan Freerunning Academy* (www.foucan.com/ffa) gegründet und bietet Freerunning-Workshops und Vorträge an.

Foucan sieht den Unterschied zu Parkour in der größeren Offenheit und Ausdrucksmöglichkeit der Bewegung. Es gehe nicht um das effiziente Überwinden einer Strecke von A nach B, sondern um Kreativität und Selbstdarstellung („freerunning is all about self-expression and creativity" ebd., ffa). Hindernisse werden akrobatisch, kreativ-kunstvoll überwunden.

David Belle betrieb früher Leichtathletik und turnte, um eine gute körperliche Verfassung zu haben (Belle, o.J.b, 0:36-0:45). Daher ist er in der Lage, Salti in seine *runs* einzubauen, was er hin und wieder auch tut, da ihm dies Freude bereite. Dennoch betont er, dass Flips eigentlich nicht Gegenstand von Le Parkour seien (Belle, 2000, 1:14-1:23). Er erläutert, dass sich aus der Bewegungskunst, wie er sie zelebriert, „le parkour freestyle" (Belle, o.J.b, 1:08-1:12) entwickelt habe. Man sehe immer mehr Jugendliche, die sich mit steigender Bewegungskompetenz damit vergnügten, zusätzliche Drehungen in Sprünge zu integrieren, also Dinge zu tun, die nicht nützlich seien. Le Parkour habe indes – im Gegensatz zum Freerunning – zunächst immer eine nützliche Seite (ebd., 1:13-1:44).

Aktuelle professionelle Freerunner betonen das Spiel mit den Möglichkeiten. „Imagination is everything". So lautet bspw. die Philosophie des World Freerun Champion 2009 Timothey Shieff vom Londoner Team *Storm Freerun* (Shieff, 2011, 0:14-0:37). Der Kern von Le Parkour[7] ist für ihn der möglichst kreative Umgang mit physischen, urbanen und gesellschaftlichen Gegebenheiten. Dabei gilt es immer wieder die Vorstellungskraft aufzubringen, neue Bewegungen zu erfinden (ebd.). Shieff möchte die Botschaft vermitteln, dass es nie darum gehe, die „möglichst gefährlichsten" Dinge zu tun. Vielmehr betont er den Respekt zur Umwelt und anderen Personen und legt Wert auf ein bedachtes Training, das sich an den individuellen Fortschritten orientiert (ebd. 1:10-1:50).

**5**

### 2.3.2 Tricking

Noch mehr *Flips* und *Spins* kennzeichnen das Tricking (vgl. ausf. Freerunning.net, Tricking, www.tricking-academy.ch/martial-arts-tricking), das in den 1990er Jahren in den USA entstand: Kampfsportler integrierten zunehmend spektakuläre akrobatische und turnerische Bewegungen bzw. Breakdance-*moves*[8], woraus sich nach und nach eine eigenständige Sportart entwickelte. Die Tricker (oder auch Trickster) kreierten und kreieren eigene Bewegungen und Bewegungskombinationen, sodass mittlerweile ein umfangreicher Katalog an Tricking-Bewegungen existiert (siehe z. B. www.club540.com/tricktionary). Das Tricking zeigt Gemeinsamkeiten mit dem Freerunning, wobei der zentrale Unterschied darin besteht, dass beim Tricking kein *run* durchgeführt wird. Tricking wird außerdem nicht im urbanen Gelände, sondern meist auf Rasen oder auf Mattenflächen in der Halle betrieben. Diese junge Sportart ist zwar (in Deutschland) weniger bekannt als Le Parkour und Freerunning, jedoch wird auch sie immer populärer und es existieren bereits Tricking-Angebote in Sportvereinen (z. B. bei Eintracht Frankfurt).

Abschließend wird die aktuell noch weniger bekannte Sportart Parcouring vorgestellt.

---

[7] Er nutzt die Begriffe „Freerunning" und „Parkour" synonym.

[8] *„Move"* wird als Synonym für „Bewegung" verwendet.

### 2.3.3 Parcouring

Unter Parcouring wird das „Überqueren von Hindernissen im Wettkampf" (www.parcouring.com) verstanden. Dabei gibt es zwei unterschiedliche Wettkampfformen:

– Beim *style contest* bewerten vier Wertungsrichter einen *run* nach den Kriterien Flow, Kreativität, Sicherheit und Schwierigkeit.

– Beim *speed contest* geht es um die möglichst schnelle Bewältigung eines festgelegten Parcours.

Die verwendeten Bewegungen zur Hindernisüberwindung ähneln Techniken, die auch bei Parkour (v. a. *speed contest*) bzw. beim Freerunning (v. a. *style contest*) zum Einsatz kommen. Parcouring ist – im Gegensatz zu Parkour und Freerunning – „nicht an moralisch-philosophische Grundsätze (...) gebunden" (www.parcouring.com). Obgleich diese Sportart bisher nicht

sehr weit verbreitet ist, werden seit der ersten Parcouring World Championship im Jahr 2007 in München regelmäßig internationale Parcouring-Wettkämpfe ausgetragen.

Die Ausführungen dieses Kapitels zeigen die Gemeinsamkeiten und Unterschiede der verschiedenen Bewegungskünste auf. Im folgenden Abschnitt werden die grundlegenden Bewegungsideen von Le Parkour und Freerunning dargestellt.

### 2.4 Die grundlegende Bewegungsidee

Der Parkoursport erinnert mit seinen „akrobatischen Sprung-, Kletter- und Balancierakten (...)" an das ganz frühe Turnen, wo ebenfalls die turnende Jugend an hohen Kletter- und Balanciergerüsten und bei wilden Geländespielen ihre Künste frei erproben konnte" (Schmidt-Sinns, 2008, S. 1). Die Nähe zu turnerischen

Fertigkeiten illustrieren beispielhaft die Abbildungen **6** und **7**. Viele Techniken von Le Parkour und Freerunning ähneln Grundformen turnerischen und teilweise auch leichtathletischen Sich-Bewegens: z. B. (ausdauerndes) Laufen, Springen, Klettern, Hängen, Kehren, Wenden, Balancieren, Rollen, Kippen und Stützen.

Ein wesentlicher Unterschied des Parkoursports zum (normierten Gerät-)Turnen lässt sich hinsichtlich der Ausführung der Bewegungen feststellen: Beim (verlaufsorientierten) Turnen ist diese bzgl. Technik und Haltung festgeschrieben, d. h. durch exakte Ausführungsbestimmungen normiert, wohingegen dies bei Parkour und Freerunning explizit nicht der Fall ist (Belle, o.J.b, 2:16-2:32). Entscheidend bei diesen beiden Bewegungskünsten ist, dass die Bewegung effizient im Hinblick auf die Überwindung des Hindernisses ist (Le Parkour) bzw. dass die intendierte kreative Bewegung gelingt (Freerunning), wobei die technische und haltungsmäßige Ausführung keine besondere Rolle spielt.

Damit wird bereits deutlich, dass auch Unterschiede zwischen Le Parkour auf der einen und Freerunning auf der anderen Seite bestehen: Im Hinblick auf die von Belle proklamierte Nützlichkeit ist das Überwinden einer Mauer einem bestimmten Zweck gewidmet (z. B. Flucht oder Verfolgung, Belle, o.J.d, About Parkour). Der Zweck liegt (in diesem Fall) also außerhalb der Bewegungssituation. Da Parkour jedoch – abgesehen von Filmszenen – i. d. R. nicht betrieben wird, um jemanden zu verfolgen, jemanden zu retten oder um zu fliehen, liegt der Zweck der Mauerüberwindung im Normalfall in sich selbst begründet, dient keinem außerhalb der Bewegungssituation liegenden Zweck. Die Bewegungen selbst sind jedoch zweckorientiert, d. h. die Bewegung (z. B. Katze) wird zu einem bestimmten Zweck (Überwindung einer Mauer) ausgeführt. Beim Freerunning hingegen ist die Bewegung – wie auch beim Turnen – Selbstzweck, d. h. selbstreferenziell (vgl. hierzu ausf. Krick, 2012, S. 271f.): Der *Wallflip* (vgl. Kap. 5.2.6) wird (primär) gesprungen, um einen *Wallflip*

zu springen und nicht, um bspw. etwas zu überwinden (wie bei der Katze oder dem *dash*; vgl. Kap. 5.1.2) oder um auf etwas hinauf zu kommen (wie bspw. beim *tic tac* oder *wallrun*, vgl. Kap. 5.1.2 und 5.1.3). Diese Freerunning-*moves* sind also – um mit David Belle zu sprechen – „nicht nützlich" (Belle, o.J.b, 1:13-1:44), sondern Selbstzweck. Allerdings ist diese Unterscheidung von zweckorientierten Bewegungen (Parkour) und selbstreferenziellen Bewegungen (Freerunning) dahingehend zu relativieren, dass es Traceuren nicht nur darum geht, möglichst effizient ein Hindernis zu überwinden, das sich „zufällig" auf ihrem Weg von A nach B befindet. Vielmehr suchen sich die Sportler Hindernisse bzw. stellen sie sich in der Halle in den Weg, *damit* sie diese überwinden können. Der Reiz der Parkour-Bewegungen (und damit wird die Bewegung selbst wieder zum Ziel bzw. zum Zweck) findet sich nun in zweierlei Aspekten begründet:

– Zum einen geht es darum, das Hindernis so zu wählen, dass die Überquerung eine *Herausforderung* darstellt. Der Fokus liegt darauf, *dass* die Überquerung

gelingt, womit die telische Dimension der Bewegungsqualität angesprochen ist.[9]
- Zum anderen geht es darum, die Bewegung, mit der das Hindernis überwunden wird, möglichst *effizient* durchzuführen. Der Fokus liegt darauf, *wie* die Überquerung gelingt, womit die autotelische Dimension der Bewegungsqualität angesprochen wird.[10]

Unterstützt wird unsere Auffassung bzgl. der Intentionen und Beweggründe der Traceure durch die beiden folgenden Zitate:
  - „Die Tätigkeit hat ihre Zielsetzung bei sich selbst oder auch ‚Der Weg ist das Ziel', die Bewegung der Weg" (Parkour Germany, hintergrund-pk).

  - „Ein Traceur macht Le Parkour um der Bewegung selbst Willen" (ebd., hintergrund-pk).

Zusammenfassend kann festgehalten werden:
- Beim Freerunning steht die kreative Ausgestaltung der Hindernisüberquerung sowie der Bewegung selbst im Fokus (siehe bspw. die unterschiedliche Ausgestaltung des *back*- bzw. *wallflips* in den Abbildungen **8–11**).
- Parkour-*moves* folgen der Prämisse der Effizienz, was bei Erreichen dieser eine gewisse Sicherheit, Gewandtheit und Leichtigkeit der Bewegung impliziert, wodurch diese „schön" wird, ohne dass die Schönheit der Bewegung intendiert ist (vgl. hierzu das Puma-Beispiel von David Belle in Kapitel 2.2).

[9] Eine hohe telische Bewegungsqualität liegt dann vor, wenn der Zweck der Bewegung erfüllt ist, d. h. in diesem Fall, die Hindernisüberquerung gelungen ist, auch wenn die Bewegung selbst möglicherweise nicht optimal war (ausf. vgl. Prohl, 2010, S. 235).
[10] Die autotelische Bewegungsqualität fragt danach, *wie* es gelingt, das Bewegungsziel zu erreichen, sie fokussiert also den Bewegungsprozess (ausf. vgl. ebd.).

# 3 Potenziale der Kunst der (Fort-)Bewegung

12

In diesem Kapitel möchten wir – ausgehend von der Besonderheit der Bewegungen im Parkoursport – die Potenziale aufzeigen, die u. E. dem Parkoursport genuin sind und die für die Entwicklung von Kindern und Jugendlichen in Schule und Verein genutzt werden können.

## 3.1 Potenzial der Bewegung

Die Ähnlichkeit der Bewegungen des Parkoursports zu turnerischen Bewegungen führt dazu, dass auch die bewegungsbezogene Potenziale von Parkour und Freerunning im Hinblick auf die (Bewegungs-)Bildungsprozesse der Bewegungskünstler vergleichbar sind.[11] Das „eigentümliche Wesen" (Pott-Klindworth, 2008, S. 39) des Turnens – und damit auch der Bewegungskünste Le Parkour und Freerunning – birgt besondere Erfahrungspotenziale. Die „Vielfalt, Besonderheit und (die) sensationelle Qualität der Körpererfahrungen" (Funke, 1992, S. 131) bei der Realisierung von (turnerischen) Parkour- und Freerunning-Bewegungen motivieren den Traceur und Freerunner, die Bewegungsmöglichkeiten auszuschöpfen, die der Parkoursport eröffnet. Das Besondere dieser Bewegungen wird im Folgenden kurz skizziert (vgl. Krick, 2012, S. 173f. sowie ausf. Pott-Klindworth & Roscher, 2009, S. 162ff.).

– Beim *Balancieren und Klettern* ist der Parkoursportler anfällig für die Schwerkraft, leicht aus dem Gleichgewicht zu bringen, da er sich nicht in einer stabilen Position befindet. Beim Balancieren befindet sich der Schwerpunkt über bzw. der Körper auf der Unterstützungsfläche, die vom Traceur, der sich mit einem Balanceproblem konfrontiert sieht, in dieser Situation als klein, unsicher oder hoch wahrgenommen wird. Der Reiz dieser Situationen liegt v. a. im Ausgeliefert-Sein gegenüber der Schwerkraft und im Risiko des Scheiterns, sodass Balanceprobleme häufig Wagnissituationen darstellen.

– Zentrales Moment des *Schwingens und Schaukelns*, das bei Le Parkour kaum, beim Freerunning zumindest hin und wieder realisiert wird, ist der „rhythmische Wechsel zwischen leicht und schwer, hin und her, Bewegung und Ruhe" (ebd., S. 164) sowie das Im-Einklang-Sein mit dieser rhythmischen Bewegung. Das besondere Bewegungserlebnis, das Empfinden von Stimmigkeit, das am Baugerüst oder Klettergerüst hin und her, von Stange zu Stange schwingende Freerunner empfinden, wird zudem gespeist aus dem Gefühl des Schwebens und der Schwerelosigkeit im Moment der Schwungumkehr oder des Weiterschwingens an die nächste Stange.

– „Die Sensation beim Drehen besteht in der Orientierungslosigkeit, die während des ungewohnten Drehens auftritt" (ebd., S. 164) sowie im Wirken der Fliehkräfte, die am Körper ziehen. Beim *Überschlagen* spielen rhythmische Akzente in der Bewegung eine größere Rolle als die Merkmale des Dreh-Erlebens. Daher besitzen *Flips* und *Spins* beim Freerunning einen besonderen Aufforderungscharakter;

---

[11] Zu den Erfahrungs- und Bildungspotenzialen turnerischen Sich-Bewegens vgl. ausf. (Krick, 2012, S. 172–177).

Dreh- und v. a. Überschlagbewegungen bilden bei den Grundbewegungen von Le Parkour die Ausnahme.

– Kennzeichnend für das *Springen und Fliegen*, das sowohl bei Parkour als auch beim Freerunning sehr häufig angewandt wird, ist das Losgelöst-Sein, das Frei-Sein. Der Springende und Fliegende gibt kurzfristig den unmittelbaren Kontakt, den (sicheren) Halt zur Umwelt auf und befindet sich temporär – ähnlich wie am Umkehrpunkt des Schwingens und Schaukelns – in einem Zustand der Schwerelosigkeit. Damit ist das Frei-Sein aber auch ein Ausgesetzt-Sein, das mit einem Wagnis verbunden ist, v. a. dann, wenn der Sprung mit einer großen Höhendifferenz bzw. einer langen Distanz verbunden und so der Flug zeitlich ausgedehnt ist.

## 3.2 Umgang mit Wagnissen

Wie bei den voranstehenden Anmerkungen zum besonderen Reiz und den Erfahrungsmöglichkeiten dieser Bewegungen deutlich wurde, bergen viele Situationen im Parkoursport Wagnispotenzial. Ein bedeutsamer pädagogischer Aspekt von Le Parkour und Freerunning ist daher der Umgang mit Wagnis und Risiko. Neumann (2008, S. 196) bezeichnet das „Wagnis" als eine „bewusste Entscheidung (..) sich angesichts negativer Folgen zu exponieren und die Ungewissheit der Handlungssituation auf der Basis eigenen motorischen Könnens und im möglichen Rückgriff auf die Unterstützung durch andere zu bewältigen".

Beim Parkoursport treten diese exponierten Lagen und die drohenden negativen Folgen häufig auf, v. a. bei der Aneignung von (subjektiv) neuen Bewegungen oder der erstmaligen Überwindung noch nicht bewältigter Hindernisse. Oft ist dies damit verbunden, Ungewohntes im leiblichen Sinne zu wagen. Dieses *Moment des Wagens* bedeutet beim Parkoursport, dass im Falle des Scheiterns der intendierten neuen bzw. ungewohnten Bewegung spürbare Konsequenzen folgen (Kontrollverlust, ggf. Schreck oder auch Schmerz). Im Falle des Gelingens der intendierten Hindernisüberwindung bzw. kreativen Bewegung jedoch wird deren erlebte Qualität einerseits durch die Besonderheit des Bewegungsprozesses und zum anderen durch das Moment des Gewagt-Habens aufgewertet (vgl. ausf. dazu auch Prohl & Scheid, 2012, S. 22f.). Der Traceur

und Freerunner muss also zur Verwirklichung seiner Potenziale im Parkoursport neben koordinativ-konditionellen teilweise auch Widerstände hinsichtlich des *Sich-Wagens* überwinden, um daraufhin besondere Qualitäten in der Aneignung von Neuem bzw. später im Gekonnten erleben zu können. Wagnissituationen ermöglichen zudem Grenzerfahrungen und das Spiel mit den Gefühlen Angst und Überwindung, wodurch das Selbstbewusstsein gestärkt werden kann (Funke-Wieneke, 2000, S. 297).

## 3.3 Sicherheitserziehung

Untrennbar verbunden mit der Wagniskomponente des Parkoursports ist der Sicherheitsaspekt. Diesem muss – sowohl in der Schule als auch im Verein – aus zweierlei Gründen Rechnung getragen werden:

– Zum einen tragen die Lehrkraft und der Übungsleiter die Verantwortung dafür, dass die notwendigen Sicherheitsvorkehrungen (siehe Kapitel 4) getroffen werden und ihre Schützlinge keine – im Falle des Misslingens verletzungsträchtigen – Bewegungen durchführen, für die sie noch nicht entsprechend vorbereitet sind.

– Zum anderen ist es – wie in Abschnitt 2.2 bereits erläutert – grundlegende Philosophie der „Kunst, bei der man lernt, vorsichtig zu sein" (Belle, o.J.b, 1:35-1:38), nicht nur die Anderen und die Umwelt zu respektieren, sondern auch sich selbst, die eigenen Fähig- und Fertigkeiten (Parkour Association e. V., 2007, Parkour Philosophy). „Mit Mutproben hat Le Parkour überhaupt nichts gemeinsam. Das Gegenteil ist der Fall. Respekt vor dem Hindernis, ein Besinnen auf die eigenen Fähigkeiten und Klarheit im Kopf sind Voraussetzung, um ein Hindernis zu überwinden" (Parkour Germany, hintergrund-pk). Um neue Bewegungen erfolgreich zu realisieren und neue Hindernisse zu überwinden, bedarf es eines gezielten „Trainings, Risikokompetenz und selbstverantwortlichen Handelns. (Parkour) ist nicht durch blinden Übermut und Leib und Leben gefährdende Waghalsigkeit gekennzeichnet" (Schmidt-Sinns, 2008, S. 1).

Es ist daher Aufgabe der Lehrkräfte sowie Trainer und Übungsleiter diese Philosophie mit ihren Traceuren und Freerunnern zu besprechen. Dabei sollte deutlich gemacht werden, dass Parkoursport gefährlich sein *kann*, wenn man nicht vorsichtig ist. In den Medien oder im Internet präsentierte Bewegungen dürfen nicht naiv nachvollzogen werden, sondern es bedarf einer situativ sorgsamen Heranführung. Ein Präzisionssprung von Mauer zu Mauer oder Geländer zu Geländer darf – gerade von Anfängern, die noch kein geübtes Auge für Distanzen haben – nicht einfach ausprobiert werden. Zunächst muss sichergestellt sein, dass die Entfernung sicher zu bewältigen ist, indem z. B. erst einmal ausprobiert wird, wie weit man springen kann. Sind es fünf oder sechs Fuß weit? Gelingt es leicht, die Distanz ohne Hindernis zu springen, kann man es auch auf die Mauer bzw. von Mauer zu Mauer versuchen. Das Wagnis wird damit kontrolliert, ein unnötiges Verletzungsrisiko ausgeschlossen und man ermutigt sich selbst durch eine erfolgreiche Wagnis-Bewältigung. Diese setzt indes eine „vorausschauende Handlungsgestaltung" und „realistische Selbsteinschätzung" voraus (Neumann, 2008, S. 196).

## 3.4 Entwicklungsförderung durch Parkoursport

Die realistische Selbsteinschätzung ist nicht nur aus Sicherheitsgründen eine wesentliche Komponente beim Parkoursport, sondern ein Bewegungsfeld übergreifendes Ziel des Sportunterrichts im Zusammenhang mit der Entwicklungsförderung der Kinder und Jugendlichen. Eine realistische Einschätzung der eigenen Kompetenzen ermöglicht eine selbstbestimmte Wahl realistischer Ziele, was wiederum die Aussichten auf (motorischen) Erfolg erhöht. Gerade im Parkoursport wird – ebenso wie beim Turnen – der motorische Kompetenzzuwachs besonders deutlich. Die Differenz von Nicht-Können zu Können ist unmittelbar wahrnehmbar als bei vielen anderen Bewegungsbereichen: Das Hindernis, das zunächst nicht bzw. nicht mit der gewünschten Technik überwunden werden konnte, wird bezwingbar, *wallflip* oder *wallspin* werden erstmals (alleine oder mit Hilfe) geschafft. Damit werden Lernerfolge offensichtlicher und Erfolgserlebnisse – aber umgekehrt auch mögliche Misserfolge – sind direkt an die Realisierung der Bewegung selbst gekoppelt.

Das selbstbestimmte Handeln und Austesten der eigenen Leistungsgrenzen sind typisch für den Parkoursport, der (z. Zt. noch) vornehmlich informell betrieben wird, ohne dass Lehrer oder Coaches den Trainingsprozess strukturieren und leiten oder bestimmte Bewegungsformen oder gar Verlaufsmerkmale von Bewegungen vorgeben. Gelernt werden die (nicht normierten!) Bewegungen v. a. durch Ausprobieren und Nachmachen. Zudem gibt es auf den einschlägigen Internetseiten (bspw. myparkour.com, parkour-germany.net, freerunning.net, ashigaru.com, parkourone.net) Bewegungsbeschreibungen und Tutorials für die grundlegenden *moves*. Das selbstbestimmte Bewegen scheint mit ein Grund für die Attraktivität dieser Bewegungskünste zu sein: „Die Normfreiheit, die Selbstbestimmung und das Ausloten der eigenen Grenzen (machen) den großen Reiz für die oft fremd bestimmten Stadtjugendlichen aus" (Schmidt-Sinns, 2008, S. 1). Über den motorischen Kompetenzerwerb sowie den kompetenten Umgang mit Wagnissituationen und die Möglichkeit des Erwerbs einer realistischen Selbsteinschätzung hinaus werden – wie bereits in Abschnitt 2.2 angedeutet – dem Parkoursport viele weitere Potenziale im Hinblick auf die Persönlichkeitsentwicklung zugeschrieben, wie das nachfolgende Zitat exemplarisch verdeutlicht:

„Parkour ist eine Ganzkörperschule und fördert neben der körperlichen Fitness zudem noch Selbstvertrauen, Entschlossenheit, Anpassungsfähigkeit, Respekt und Bescheidenheit" (Parkour Association e. V., 2007, Parkour Philosophy).

Zitate von Traceuren in Blogs, Zeitungs- (z. B. Gygax, 2013, S. 24) und Fernsehinterviews (z. B. RTL Hessen, 2012) belegen immer wieder die Bedeutung des Parkoursports für das eigene Leben und die Persönlichkeitsentwicklung, wie die folgenden Zitate exemplarisch belegen:

Ich war früher sehr schlecht in der Schule und so weiter, hab wenig auf die Reihe bekommen. Mittlerweile habe ich ein gutes Abi gemacht, studiere Psychologie (…). (Parkour) hat mir das erste Mal eine feste Struktur in meinem Leben gegeben (…), was ich vorher nicht hatte (Zitat von Helge Mohr, Traceur; ebd.).

Dank Parkour kann ich mich heute viel besser einschätzen, habe mehr Selbstvertrauen und nehme Herausforderungen im Alltag ganz anders wahr (Lea Imola, Traceur) (Gygax, 2013, S. 24).

Es wäre sicherlich vermessen, solche, das eigene Leben und die Persönlichkeit derart positiv beeinflussende Aspekte auch bei der Thematisierung von Parkour und Freerunning im schulischen Sportunterricht oder in einem Vereinstraining zu erwarten. Gleichwohl besteht die (aus unserer Erfahrung berechtigte) Hoffnung, dass sich die Kinder und Jugendlichen mit Freude bewegen und selbstbestimmt sowie verantwortungsbewusst neue Bewegungsherausforderungen annehmen, was die Hinführung zum Parkoursport als lohnend erscheinen lässt. Darüber hinaus bieten diese Künste ein bewegungsimmanentes Differenzierungspotenzial, was es vor dem Hintergrund der motorischen Heterogenität von Kindern und Jugendlichen für den Schul- und Vereinssport zu nutzen gilt.

## 3.5 Differenzierungspotenzial des Parkoursports

Wie in Kapitel 2.4 erörtert, geht es beim Parkoursport nicht nur um das Überwinden von Hindernissen, sondern auch (und ganz zentral) darum, *wie* die Hindernisse überwunden werden. Hierin liegt ein Differenzierungspotenzial: Die Sportler suchen sich selbst Möglichkeiten, jedoch nicht nur die subjektiv einfachsten, sondern versuchen sich – angespornt vom Willen etwas zu leisten und vom Aufforderungscharakter des Hindernisses – an immer anspruchsvolleren Formen. Hierdurch können dieselben Hindernisse für Jugendliche motorisch sehr heterogener Gruppen jeweils individuell passende, anspruchsvolle Bewegungsmöglichkeiten darstellen, an denen (subjektiv) lohnende Bewegungserfahrungen gemacht werden können, die häufig auch einen Wagnisaspekt beinhalten.

Um individuell entscheiden zu können, *wie* ein Hindernis überwunden wird, muss ein Hindernis zunächst als solches wahrgenommen werden. Gugutzer (2012, S. 152–160) benennt demzufolge neben der Problemlösekompetenz (wie überwinde ich ein Hindernis?) die Wahrnehmungskompetenz (was wird als Parkour-Hindernis identifiziert?) als zweite zentrale Kompetenz, die der Traceur entwickelt.

Die besondere Wahrnehmungskompetenz entwickelt sich, wenn man über längere Zeit Parkour betreibt. Sie kann als die Entwicklung des „Parkourblicks" bezeichnet werden.

„Man guckt richtig danach. Also man geht jetzt nicht mehr durch die Stadt und sieht nur noch Begrenzungen, sondern man sieht eigentlich Spielplätze und Hindernisse, die man überwinden kann und das fasziniert. (..)selbst wenn ich mit meiner Freundin unterwegs bin (…) und plötzlich sage ich einfach nur so, hey guck mal da, diese Mauer, hier kann man doch super trainieren" (Michael, Z. 42–47 in Gugutzer, 2012, S. 152).

Anhand dieser und anderer Zitate lässt sich ableiten, dass Parkour die visuelle Wahrnehmung dahingehend schult bzw. lenkt, dass Mauern, Zäune, Kastenkombinationen nicht als störende Objekte, sondern als Bewegungsgelegenheiten wahrgenommen werden, die gerade dazu auffordern, sie zu überwinden. Die Entwicklung des Blicks ist dabei nicht begrenzt, sondern die Wahrnehmung von Bewegungsgelegenheiten entwickelt sich mit dem Können, der Tagesform und der Gruppenzusammensetzung (vgl. Gugutzer, 2012, S. 156f.). Daher sollte auch Parkour und Freerunning in der Turnhalle die Frage „Was kann ich hier machen?" provozieren und nicht mit vorgegebenen Bewegungen mögliche eigene Bewegungsantworten vorwegnehmen. Es ist auch als Lehrkraft kaum möglich, alle Bewegungsvarianten vorauszusehen. Es macht daher Sinn, Stationen vorzugeben bzw. mit den Schülern zu entwickeln, die mehrdimensional sind, d. h. unterschiedliche Überwindungsmöglichkeiten zuzulassen bzw. zu provozieren. Die Entwicklung der Schüler macht es zusätzlich reizvoll, die Stationen über einen längeren Zeitraum mehrmals aufzubauen, um an der gleichen Station, bzw. am gleichen Spot (draußen) Bewegungslösungen zu perfektionieren und subjektiv neue individuelle Varianten zu kreieren.

Dieses Vorgehen verlangt jedoch, dass gerade die Schüler, die nicht auch außerhalb von Sportunterricht Parkour machen, die Chance haben, den Parkour-Blick und eine gewisse individuelle Problemlösungskompetenz zu entwickeln. Es steht demzufolge die Frage im Zentrum: „Wie finde ich meinen individuellen Weg über die Hindernisse?" Aufgabe der Unterrichtenden ist es, den Traceuren erste Hilfestellungen und Möglichkeiten in Form von Grundbewegungen aufzuzeigen. Erst danach sind die meisten Schüler in der Lage, sich selbst Bewegungsprobleme zu suchen und diese kreativ zu lösen (vgl. Gugutzer, 2012, S. 153).

In den Praxis-Kapiteln 5–8 wird immer wieder auf Differenzierungsmöglichkeiten hingewiesen.

# 4 Hinweise zur Sicherheit

Die Sicherheit ist beim Parkoursport ein zentrales Thema. Dies liegt in der Art der Bewegungen sowie in der Philosophie von Le Parkour begründet, weshalb diesem Thema bereits das Kapitel 3.3 „Sicherheitserziehung" gewidmet wurde und immer wieder auf dessen Bedeutung verwiesen wird. Auch bei Fortbildungen ist dieser Aspekt Anlass für viele Fragen und Diskussionen. Unsere Erfahrungen sowie auch diejenigen der Fortbildungsteilnehmer, die bereits Parkour in Schule oder Verein unterrichten, zeigen, dass es kaum (ernsthafte) Verletzungen bei der Ausübung dieser Bewegungskunst im institutionellen Kontext Schule bzw. Verein gibt. Gleichwohl birgt der Parkoursport ein nicht zu unterschätzendes, immanentes Gefährdungspotenzial, dem aber durch eine verantwortungsbewusste, umsichtige Inszenierung wirkungsvoll begegnet werden kann. Aus diesem Grund greifen wir den Sicherheitsaspekt im Rahmen dieses Kapitels nochmal aus der Perspektive der Parkoursport-Unterrichtenden auf.

Da es (noch) keine bzw. kaum parkoursportspezifische rechtliche Grundlagen für den Schulbereich gibt, gelten die allgemeinen landesspezifischen Sicherheitsbestimmungen für den Schulsport, bzw. für das Turnen sowie den Umgang mit Turn- und Klettergeräten. Diese unterscheiden sich jedoch teilweise (bspw. bezüglich des Einsatzes des Trampolins im Sportunterricht),

sodass wir darauf nicht näher eingehen, sondern auf Aussagen und Richtlinien der Unfallkassen verweisen.

## 4.1 Hinweise zu Geräteaufbauten in der Halle

Gerätearrangements in der Halle erfüllen im Parkoursport zwei unterschiedliche Funktionen: Zum einen soll das Erlernen von Parkour- bzw. Freerunning-Techniken unterstützt werden, sodass diese dann auch outdoor angewendet werden können. Zum anderen sollen kreative Aufbauten einen hohen Aufforderungscharakter haben, um diese (kunstvoll und kreativ) zu überwinden, ohne dass bestimmte Techniken als Ziel vorgegeben sind (vgl. hierzu Kap. 8). In diesem Zusammenhang ist neben dem „Parkour-Blick" der Traceure v. a. derjenige des Unterrichtenden gefragt, der für die Sicherheit der Aufbauten Verantwortung trägt. Damit rückt die Fachkompetenz der Lehrer und Trainer in den Fokus. Die Unfallkasse Nordrhein-Westfalen benennt in diesem Zusammenhang folgende notwendige Voraussetzungen auf Seiten der Unterrichtenden:

– „Lehrkräfte, die Parkour im Unterricht vermitteln, sollten grundsätzlich Kenntnisse über theoretische Grundlagen und praktische Erfahrungen mit den elementaren Grundtechniken, z. B. Lazy, Dash, Roulade besitzen.

– Lehrkräfte müssen Sichern und Helfen können und den Schülerinnen und Schülern die erforderlichen Sicherungstechniken und Helfergriffe vermitteln" (Unfallkasse-NRW, 2009).

Im Folgenden werden grundlegende Aspekte zur Vermeidung von Verletzungen benannt:

### 4.1.1 Standsicherheit, Funktionstüchtigkeit und Belastbarkeit der Geräte

Der Einsatz von Turngeräten für den Parkoursport erfordert häufig eine alternative Nutzung derselben. „Dabei ist jedoch der funktionalen Sicherheit besondere Aufmerksamkeit zu schenken, weil durch die Gerätearrangements praktisch neue Geräte und damit auch neue, bisher unbekannte Gefahren geschaffen werden" (Baumann & Hundeloh, 2007, S. 5). Die Lehrkraft muss Klarheit über die auftretenden Belastungen bei der alternativen Nutzung der Geräte haben und wissen, ob die Geräte und die Einrichtung der Sporthallen für die entsprechenden Belastungen ausgelegt sind. Hinweise hierzu gibt die von der Deutschen Gesetzlichen Unfallversicherung herausgegebene Broschüre „Alternative Nutzung von Sportgeräten" (ebd.). Die Stabilität von Hindernissen ist in zweierlei Hinsicht ganz entscheidend abhängig von der Art der Nutzung:

– Ein quer gestellter kleiner oder großer Kasten, Bock oder eine Turnbank sind bei Absprüngen und Landungen weniger stabil, als wenn die Geräte längs gestellt sind. Kleine Kästen und Böcke als Absprunghilfe oder bei der Verwendung für Präzisionssprünge sind daher immer längs zu stellen.

– Die Art und Weise, wie ein *move* auf oder über ein Hindernis gesprungen wird, ist ebenfalls entscheidend für die Stabilität. So wird ein Kasten, ein Bock oder eine Bank eher bei einer Präzisionslandung wackeln oder gar umkippen, die aus großer (horizontaler) Distanz realisiert wird. Eine Landung von oben auf diesen Geräten ist hingegen hinsichtlich der Kippgefahr unproblematisch. Das Gleiche gilt für Absprünge: Bei Absprüngen in die Weite wird das Hindernis eher wackeln oder gar kippen als bei Absprüngen nach oben, die allerdings seltener sind. Abbildung 14 verdeutlicht diese Problematik. Es gilt

also in Abhängigkeit von der Zielbewegung entsprechende Vorsichtsmaßnahmen zu treffen (bspw. Festhalten des Hindernisses, Sicherung des Springenden).

In jedem Fall obliegt es der Lehrkraft, die eingesetzten Geräte vor der Nutzung immer sorgfältig auf Standsicherheit, Funktions- und Belastungstüchtigkeit zu prüfen. Dazu gehört auch zu kontrollieren, ob Kästen, Barren, Balken etc. abgesenkt bzw. arretiert sind.

### 4.1.2 Absicherung der Geräte durch Matten; personale Voraussetzungen

„Ein geeigneter Fallschutz in der Sporthalle ist durch Turn- und Judomatten, bei Punktladungen aus größeren Höhen durch Niedersprungmatten und bei Ganzkörperlandungen durch Weichbodenmatte zu gewährleisten (Unfallkasse-NRW, 2009)". Diese Empfehlung der Unfallkasse Nordrhein-Westfalen betont, dass nicht auf das Absichern durch Matten – etwa zugunsten eines höheren Wagnischarakters der Bewegungen – verzichtet werden darf. Darüber hinaus wird auf unterschiedliche Matten zur Fall- bzw. Landungssicherung in Abhängigkeit zur Sprung-/ Fallhöhe verwiesen. Die Deutsche Gesetzliche Unfallversicherung gibt in ihrer Broschüre „Matten im Sportunterricht" hierzu folgende Empfehlungen:

Turnmatten sollten nur bis zu einer Fall- bzw. Landehöhe von 60 cm eingesetzt werden. Für Sprünge aus größerer Höhe sind Niedersprungmatten geeignet. Weichböden sollten – sofern sie nicht (wie viele neuere Modelle) eine feste Oberfläche haben – aufgrund der großen Einsinktiefe nicht für Punktlandungen eingesetzt werden, v. a. dann nicht, wenn Bewegungen mit Rotation um die Körperlängsachse ausgeführt werden (GUV, 2002, S. 7). Weichböden dienen daher v. a. der Sicherung, können aber in Kombination mit Turnmatten, Niedersprungmatten oder Bodenläufern, die auf die Weichböden gelegt werden, auch für Landungen genutzt werden. Sichergestellt werden muss, dass die Einsinktiefe nicht zu groß ist, um Verletzungen des Sprunggelenks auszuschließen. Gerade bei Sprüngen bzw. Landungen aus großer Höhe empfiehlt sich der Einsatz von Mattenkombinationen (vgl. hierzu z. B. den Aufbau in Kap. 8.3.6).

Neben der richtigen Wahl der Matten ist zudem die sachgemäße Auslegung von Bedeutung. Es ist v. a. da-

14

rauf zu achten, dass keine bzw. möglichst wenig Stolperkanten entstehen, die Mattenstöße nicht genau an der Landestelle sind und die Matten gegen Wegrutschen gesichert werden.

Wenngleich Matten auch mit nach draußen genommen werden können, was in bestimmten Fällen sinnvoll sein mag (vgl. hierzu auch die Ausführungen zum *drop* in Kap. 5.1), so bildet der Einsatz von Matten im Outdoor-Bereich sicherlich die Ausnahme. Allerdings gibt es auch dort Richtlinien in Bezug auf die Untergründe (vgl. hierzu Kap. 7.1).

Beim Einsatz von Matten muss jedoch beachtet werden, dass aus zwei Gründen nicht gilt: Je mehr und dickere Matten, desto größer die Sicherheit.

– Je mehr Matten ausgelegt werden, desto mehr Kanten, Mattenstöße und zwangsläufig „Stolperfallen" gibt es, sodass die Gefahr auf einer Mattenkante umzuknicken steigt.
– Weichböden können zudem eine trügerische Sicherheit vermitteln, welche die Parkoursportler dazu bringen kann, Elemente zu riskieren, für deren sichere Realisierung ihnen möglicherweise die Voraussetzungen fehlen. Dies ist zum einen verletzungsträchtig, denn auch Weichböden sind bei Stürzen kein Garant für körperliche Unversehrtheit. Zum anderen widerspricht es der bereits vielfach bemühten Parkour-Philosophie.

Ein wiederholtes Erinnern an selbige in Verbindung mit deutlichen Hinweisen, welche Bewegungen nicht gestattet bzw. nur in Beisein der Lehrkraft bzw. des Coaches erlaubt sind, gewährleisten eher Verletzungsfreiheit als ein zusätzlicher – nicht zwingend erforderlicher – Weichboden.

Wir empfehlen, Salti und Flugrollen von Hindernissen nach unten im Schulsport zunächst grundsätzlich zu unterbinden, da hier die Verletzungsgefahr hoch ist, v. a. dann, wenn Schüler, die nicht die notwendigen Voraussetzungen haben, dem Vorbild von versierteren Mitschülern folgen. Ausnahmen von diesem Verzicht auf Salti können selbstverständlich für einzelne Schüler gemacht werden bzw. dann, wenn Salti und *Flips* Gegenstand des Unterrichts sind.

Eine zielgruppenadäquate Aufgabenstellung mit vielfältigen Differenzierungsmöglichkeiten vermeidet Über- und Unterforderungen. Diese individuelle Passung trägt mit dem (eigentlich selbstverständlichen) Vermeiden von Gruppendruck und Zwang bei Bewegungsaufgaben ebenfalls dazu bei, Parkoursport gefahrlos und verletzungsfrei auszuüben.

### 4.1.3 Sorgsamer Umgang mit Geräten und der Sporthalle

Neben dem Respekt vor den eigenen Bewegungsmöglichkeiten und dem schonenden Umgang mit dem eigenen Körper verlangt diese Parkour-Grundregel auch, die Umwelt zu respektieren (Parkour Association e. V., 2007, Parkour Philosophy; vgl. ausf. Kap. 2.2).

Dies betrifft auch den Umgang mit den Geräten und der Turnhalle selbst. Es ist selbstverständlich, dass die Geräte nur so benutzt werden, dass sie keinen Schaden nehmen und/oder verschmutzt werden. So ist bspw. nicht jede Matte und jede Wand in Verbindung mit jedem Schuh für einen *tic tac* oder *wallflip* geeignet. Es muss sichergestellt werden, dass keine Abriebspuren an Wand oder Matten entstehen. Abbildung 15 zeigt einen Aufbau, bei dem das Erreichen der Mauerkante mittels *tic tac* intendiert ist. Eine herausfordernde und spannende Bewegungsaufgabe, die aber – gerade bei Verwendung von Turnschuhen mit dunkler Sohle – dazu führen kann, dass Abriebspuren an der weißen Wand verbleiben, was unbedingt zu vermeiden ist.

Unsachgemäßer Umgang mit Turngeräten kann zusätzlich zu einer möglichen Gefährdung der Parkoursportler auch zu einer Beschädigung der Geräte führen. So sollten bspw. Sprossenwände beim Armsprung nicht aus zu großen Distanzen angesprungen oder eine Matte davor gestellt werden, um eine Zerstörung der Sprossen zu vermeiden (Abb. 16). Es sollte mit den Kindern und Jugendlichen besprochen (oder ihnen mitgeteilt) werden, welche Bewegungen bei den einzelnen Aufbauten zu vermeiden sind, um die Geräte nicht zu schädigen. Das Abspringen vom Barrenholmen bspw. ist – außer bei sehr leichten Kindern – aufgrund der Bruchgefahr zu unterlassen.

## 4.2 Sicherheits- und Hilfestellung

Die meisten Parkoursport-Bewegungen können mit angemessener Gerätehilfe bzw. leicht zu überwindenden Hindernissen und vorbereitenden Übungen ohne Hilfe bzw. Sicherheitsstellung erlernt und geübt werden. Der in der Zielform recht anspruchsvolle *wallspin* bspw. kann zunächst an einer Mattenschräge ungefährlich geübt werden, deren Neigung sukzessive gesteigert wird (vgl. hierzu Kap. 5.2.4). Beim Freerunning gibt es durchaus einige *moves*, z. B. den *wallflip* (vgl. Kap. 5.2.6), bei denen eine bewegungsunterstützende oder gar bewegungsführende Hilfe sinnvoll bzw. notwendig für den Lernprozess sowie für die Sicherheit des Übenden ist. Bei den Parkour-Grundbewegungen ist die Notwendigkeit einer aktiven Hilfestellung im Sinne einer Bewegungsunterstützung indes eher die Ausnahme, wie an drei Beispielen verdeutlicht wird:
– Die Mauerüberwindung erfolgt i. d. R. nicht mit Bewegungshilfe, sondern die Höhe der Mauer bzw. mögliche Gerätehilfen (vgl. Kap. 5.1.3 *wallrun*) werden so gewählt, dass eine Überwindung alleine möglich ist. Mit steigender Bewegungskompetenz können Gerätehilfen abgebaut und die Mauer erhöht werden. Je nach örtlicher Gegebenheit kann jedoch eine Sicherheitsstellung sinnvoll sein.
– Beim Präzisionssprung oder *gap* (vgl. Kap. 5.1.2) wird die Landefläche zunächst so groß bzw. die Distanz so gering gewählt, dass der Sprung gelingt. Mit zunehmender Sicherheit kann die Landefläche verkleinert und die Sprungdistanz erhöht werden.

– Auch die meisten *vaults*[12] können bei entsprechender methodischer Inszenierung ohne Bewegungshilfe erlernt und geübt werden. Bei einigen Sprüngen (z. B. *dash*, Katze) ist jedoch bei der Zielform eine zufassende Bewegungssicherung sinnvoll. Auch diese dient meist nicht dazu, die Bewegung an sich zu unterstützen, sondern der Sicherung des Sportlers.

Es kann festgehalten werden: Bei Parkour-Bewegungen ist selten eine Bewegungshilfe, sondern höchstens eine Bewegungssicherung notwendig. Diese ist v. a. dann sinnvoll, wenn Bewegungen auf schwierigere Situationen übertragen werden, d. h. bspw.

– Sprünge mit Handstütz (z. B. Katze, *speed vault*) über sehr hohe Hindernisse ausgeführt werden,
– mit *gap jumps* (vgl. Kap. 5.1.2) sehr große Distanzen überwunden werden oder
– Präzisionslandungen auf sehr kleinen Flächen erfolgen.

Unseres Erachtens sollten – allein schon aus organisatorischen Gründen – immer dann, wenn es möglich ist, Gerätehilfen der Personenhilfe vorgezogen werden.

Wir möchten betonen, dass es unserer Auffassung nach nicht *die* richtige Methode oder *den* richtigen Griff für einzelne Bewegungen gibt. Angemessen ist, was funktioniert und für Helfende und Sich-Bewegende in Ordnung ist. Gleichwohl gibt es einige grundlegende Prinzipien des Helfens und Sicherns, die wir in aller Kürze benennen.

– Eine Sicherheitsstellung (abwartend oder zugreifend) ist dann zu leisten, wenn unsicher ist, ob die Bewegung gelingen wird und ein Scheitern zu einer Gefährdung des Parkoursportlers führen könnte.
– Eine aktive Hilfestellung sollte dann gegeben werden, wenn die Bewegung weder alleine, noch mit Gerätehilfe gelingt.
– Der Helfende sollte sich dem Übenden entgegenbewegen, um so früh wie möglich zugreifen zu können. Das erleichtert den sicheren Griff und eine nicht störende Bewegungsbegleitung, die bis zum sicheren Stand erfolgt bzw. bis zu einer Bewegungsphase, ab der keine Hilfe-/Sicherheitsstellung mehr erforderlich ist (Abb. 17).
– Die Hilfe sollte aus biomechanischen Gründen nah am Körperschwerpunkt bzw. nahe am Rumpf erfolgen. Gleichwohl sollte der Griff ans Gesäß – auch wenn er in einigen Fällen biomechanisch möglicherweise sinnvoll wäre – auf jeden Fall unterlassen werden (vgl. hierzu auch das Kapitel 4.3).
– Der Helfer sollte so nah wie möglich *am*, bei einigen Bewegungen sogar *unter* dem Übenden bzw. dessen Schwerpunkt sein, um effektiv helfen zu können (Abb. 18).
– Der Griff über Gelenke sollte wenn möglich vermieden werden.

[12] Mit dem englischen Begriff „vaults" sind Sprünge gemeint, die zu den Parkour-Basistechniken gehören. Sie werden in Kap. 5.1.2 differenziert dargestellt.

18

Im Folgenden werden wir den Klammergriff als Stütz-griff sowie den Sandwichgriff vorstellen, da diese beiden Griffe bei unterschiedlichen *moves* als Bewe-gungshilfen bzw. -sicherungen zum Einsatz kommen, während für die meisten anderen Bewegungen spezifi-sche Griffe und Hilfen angewendet werden. Im Rahmen der Vorstellung der grundlegenden Parkour-Techniken (Kapitel 5.1) bzw. ausgewählter Freerunning-*moves* (Ka-pitel 5.2) werden, dort wo es uns notwendig erscheint, weitere Hinweise zur Hilfe- und Sicherheitsstellung gegeben.

Der Klammergriff als Stützgriff (Abb. 19) wird im Parkoursport v. a. bei den gestützten *vaults* im Mo-ment der Hindernisüberquerung angewendet. Der Griff des oder der Helfer/s erfolgt beidhändig am Oberarm des Springenden, nahe der Schulter. Meist dient der Klammergriff eher der Sicherung als der Bewegungs-hilfe. Gleichwohl sollte bei den *vaults* eine zufassen-de Sicherung erfolgen, da ein Eingreifen erst im Falle des Misslingens (z. B. Hängenbleiben mit den Füßen am Hindernis bei der Katze) bei diesen Sprüngen sehr schwierig ist und häufig zu spät kommt.

Der Sandwichgriff dient meist der Landungssiche-rung etwa bei Präzisions- oder Armsprüngen. Der Sand-wichgriff ist eine Variante des Klammergriffs, bei der der Rumpf umschlossen wird. Die eine Hand greift dabei auf den Bauch (oder bei Jungen auch auf die Brust) und die

andere auf den Rücken, um den Traceur bei der Landung zu stabilisieren (Abb. 20). Auch bei dieser Abbildung zeigt sich die Stabilitätsproblematik des Gerätes (Bank) bei der Landung (vgl. hierzu auch Kap. 4.1.1). Eine Al-ternative zum Sandwichgriff an Bauch und Rücken, die von uns bei den meisten Bewegungen bevorzugt wird, ist der Griff um die Hüfte (Abb. 21). Wir sind der Auffas-sung, dass diese Variante in den meisten Fällen genauso effektiv ist wie die erstgenannte. Außerdem wird der Griff auf den Bauch gerade von Mädchen und (jungen) Frauen möglicherweise als unangenehm und intimi-tätsverletzend empfunden. Durch die Aktionsschnellig-keit der Landungssicherung kann es gerade bei weniger versierten Helfern zu einem zu hohen oder zu tiefen Griffansatz kommen. Dabei ist es möglich, dass der Hel-fende den Schambereich und das Gesäß bzw. die Brust umfasst.

Die Problematik der zufassenden Hilfestellung wird im folgenden Abschnitt thematisiert.

## 4.3 Anfassen im Rahmen der Hilfe-stellung – ein Problem?

Eine aktive Hilfestellung bzw. v. a. eine zufassende Sicherung ist bei einigen Bewegungen des Parkour-sports aus Sicherheitsgründen (zunächst) sinnvoll,

19

teilweise auch notwendig. Dies impliziert, dass der Übungsleiter oder Lehrer den Parkoursportler anfassen muss. I. d. R. stellt das kein Problem dar, vor allem wenn einige Aspekte im Vorfeld beachtet werden (vgl. auch Schmidt-Sinns et al., 2010, S. 67):

– Zwischen Lehrkraft/ Übungsleiter und Traceur muss ein von Respekt geprägtes Verhältnis bestehen, sodass kein Anlass vorliegt, sexistische Motive für die Hilfestellung zu unterstellen.

– Die Kinder und Jugendlichen müssen mit der Hilfestellung einverstanden sein, d.h. es ist zwingend notwendig, dass die Bewegung, bei der eine Hilfestellung notwendig ist, freiwillig ausgeführt wird.

– Den Traceuren und Freerunnern muss einsichtig sein, warum eine Hilfestellung notwendig ist.

Es kann passieren, dass ein Griff das eigentliche Ziel verfehlt und bspw. Gesäß oder Brüste bei der Hilfestellung berührt werden. Dies wird normalerweise auch nicht zu einem Problem, v. a. dann nicht, wenn es bei einem notwendigen Eingriff in den Bewegungsverlauf

geschieht, durch den bspw. ein Sturz vermieden wird. Allerdings sollte der Griff ans Gesäß die absolute Ausnahme bleiben, der Helfer so kompetent sein, dass derartige Fehlgriffe nicht häufig vorkommen. Schon gar nicht sollte u. E. der Griff ans Gesäß als gängige Variante bei Hilfestellungen eingesetzt werden, wie es in der Fachliteratur (immer noch) als *legitim* (z. B. Bruckmann, 1991, S. 31; Schmidt-Sinns et al., 2010, S. 66f.) und bspw. für den Überschlag sogar als *notwendig* erachtet wird (z. B. ebd., S. 66). U. E. sollte die Hilfestellung beim Überschlag nicht an Schulter und Gesäß (Abb. **22**),

sondern an Schulter und unterem Rücken angesetzt werden (Abb. 23). Der Griff erfolgt so früh wie möglich und kommt i. d. R. bei einer Bewegungssicherung bzw. bei einer bewegungsunterstützenden Hilfestellung zum Einsatz. Der Übende beherrscht die Bewegung also bereits mindestens in Grobform und bedarf – wenn überhaupt – nur noch einer (punktuellen) Unterstützung, um bspw. fehlende Kraft oder fehlenden Schwung auszugleichen. Daher ist das Gewicht auf der den unteren Rücken stützenden Hand eher gering und im Umkehrschluss ist Belastung für die Wirbelsäule so gering, dass sie zu vernachlässigen ist. Bei Bewegungsanfängern, die eine bewegungsführende, d. h. sehr starke Hilfestellung, benötigen, sollte neben dem Griff an der Schulter ohnehin nicht der untere Rücken, sondern der obere Rücken unterstützt werden (beide Helferhände sind relativ nah beisammen), da so vom Helfenden deutlich mehr Gewicht aufgenommen und der Übende viel effizienter unterstützt werden kann (Abb. 24).

Folgt man den o. g. Hinweisen und vermeidet man möglichst das Anfassen „sensibler Stellen", wird die Hilfe- und zufassende Sicherheitsstellung unserer Erfahrung nach als völlig normal und notwendig angesehen – sie ist also *kein* Problem.

In den nachfolgenden Abschnitten werden grundlegende Parkour- und häufige Freerunning *moves* vorgestellt.

# 5 Parkour- & Freerunning-moves

In diesem Kapitel werden die grundlegenden Parkour-bewegungen sowie eine Auswahl an Freerunning-*moves* vorgestellt. Wir verzichten dabei bewusst auf eine detaillierte Bewegungsbeschreibung in Text-form, da der Ablauf der *moves* über die Fotos deutlich wird und u. E. nicht notwendig ist, um die Bewegung nachvollziehen zu können. Zudem widerspräche eine exakte Bewegungsbeschreibung der Idee einer nicht normierten Ausführung der *moves*; individuelle Aus-prägungen sind erwünscht! Stattdessen geben wir, dort wo es sinnvoll erscheint, Hinweise zu Varianten und Differenzierungsmöglichkeiten, zu Hilfestellung und Sicherheit sowie zur Vermittlung. Für einige Bewe-gungen werden verschiedene Übungen, die im Sinne einer methodischen Übungsreihe zur Endbewegung führen, dargestellt. Natürlich können die Zwischen-schritte an dieser Stelle nicht erschöpfend beschrie-ben werden. In Abhängigkeit vom Leistungsstand der Parkoursportler können diese selbstverständlich auch übersprungen werden. Schon oft haben wir erlebt, dass ein Schüler direkt die Zielbewegung erfolgreich „ausprobiert". Bei diesen talentierten Kindern und Jugendlichen muss die Lehrkraft mit viel Fingerspit-zengefühl untersützend – und oftmals für Sicherheit sorgend – eingreifen. Außerdem ist es wichtig, die Übenden und ihre Herangehensweise an Bewegungs-herausforderungen bzw. -probleme zu kennen.

Die meisten Bewegungen und Tricks können in beide Richtungen bzw. zu beiden Seiten ausgeführt werden.

## 5.1 Parkour-Grundbewegungen

Im Folgenden werden die Grundbewegungen von Le Parkour dargestellt und einige Varianten benannt. Da sich Le Parkour über seine französischen Wurzeln hinaus in den vergangenen Jahren international ent-wickelt hat, haben sich neben den französischen Be-griffen viele englische und deutsche Bezeichnungen etabliert. In vielen Communities werden zudem für scheinbar „neue" Bewegungskreationen und -kom-binationen eigene Benennungen vorgenommen. Für das vorliegende Buch haben wir eine Mini-Umfrage in mehreren Parkour-Communities durchgeführt und nach den (in Deutschland) gängigsten Bezeichnungen für die Parkour-Bewegungen gefragt. Diese verwen-den wir in unserem Buch, wobei wir in den folgenden beiden Kapiteln jeweils weitere (seltener genutzte) Be-zeichnungen angeben.

Wir haben die Parkour-Basistechniken in die drei Kategorien *Landungen*, *Sprünge* und *weitere Techniken* untergliedert.

### 5.1.1 Landungen

Landungen sind zunächst nichts Parkour-Typisches. Nach jedem Abgang vom Turngerät erfolgt eine Lan-dung, nach jedem *flip*, nach jedem Sprung von der Schaukel, von der Wippe oder vom Klettergerüst ver-sucht der Sich-Bewegende sicher zu landen. Die Lan-dung erfolgt dabei – von wenigen Ausnahmen abgesehen – auf den Füßen, mit dem Ziel, eine Bewegung in eine stabile Position zu überführen. Bei turnerischen Landungen ist dies der sichere Stand, möglichst ohne einen Schritt zu machen, während dies bei anderen Landungen nicht von Relevanz ist. Beim Parkoursport wird sogar nach vielen Landungen versucht, aus der erreichten stabilen Position möglichst umgehend wieder in Bewegung zu kommen bzw. die Bewegung/den *run* durch die Landung nicht zu unterbrechen, sondern flüssig weiterzulaufen oder weitere Bewegungen anzuschließen. Ebenso erfolgt die Landung nicht immer ausschließlich auf den Füßen (Vierpunktlandung, Armsprung) bzw. die Landung kann direkt in eine Rolle überführt werden.

Die Einordnung des *crane* (*jump*), des Präzisions-*sprungs* und des Arm*sprungs* in die Kategorie der Landungen ist evtl. nicht sofort einsichtig und bedarf daher einer Erläuterung: Die genannten Bewegungen sind zwar alles Sprungbewegungen, der Fokus liegt aber bei allen auf der Landung. Dies wird zum einen dadurch deutlich, dass alle drei Sprünge ohne die jeweilige spezifische Landung nicht mehr als *crane* (*jump*), Präzisionssprung und Armsprung identifiziert werden können, die Landung also der zentrale Bestandteil der Bewegung ist. Zum anderen können diese Landungsarten mit anderen Bewegungen kombiniert werden, d. h. es können Techniken vorgeschaltet werden. Dies wird am Beispiel des Katzensprungs verdeutlicht:
– Die „Katze über ein Hindernis" erfolgt mit Landung *auf* einem Bordstein, Kasten oder Geländer (Katze-Präzi).
– Die „Katze über ein Hindernis" erfolgt mit Landung *an* einer Mauer, einem Geländer oder einer Sprossenwand (Katze-Armsprung).
– Die „Katze über ein Hindernis" erfolgt mit Landung auf einer Mauer oder einem Kasten, der jedoch zu

hoch ist, um mit beiden Füßen darauf zu landen (Katze-*crane*).

Kennzeichnend für eine funktionale Landung ist, dass der Schwung möglichst gleichmäßig und „weich" auf den Ballen abgefangen wird. Dies erkennt man daran, dass die Landung „leise" ist.

Im Folgenden wird nur auf parkour-typische Landungsarten eingegangen und nicht das von Alltags- oder Turnbewegung bekannte Landen auf beiden Beinen (ggf. mit Weiterlaufen) beschrieben.

## Rolle

**Weitere Bezeichnung: *roulade***
Die Rolle ist eine Landungsart, die in nahezu allen Parkour- und Freerunningvideos nach Sprüngen aus größerer Höhe zu sehen ist. Die Landung erfolgt zunächst auf den Füßen, das Beugen der Beine wird aber direkt in die Rolle überführt (Abb. 26). Hierdurch werden der Weg und die Zeit, um die Energie zu absorbieren, verlängert, sodass Sprünge aus größerer Höhe abgefangen werden können, als dies ohne Rolle der Fall wäre. Sie wird v. a. dann angewendet, wenn beim Sprung eine horizontale Translation erfolgt, d. h. (auch) in die Weite gesprungen wird. Die Bewegungsrichtung der Rolle (horizontal) ist in diesem Fall der Bewegungsrichtung des Sprungs (vertikal und horizontal) ähnlicher, als wenn die Rolle an einen Sprung angeschlossen würde, der nahezu ausschließlich von oben nach unten (vertikal) ausgeführt wird. Die ähnliche Bewegungsrichtung erleichtert das Umlenken der Sprung- in die Rollbewegung.

Auch für den Schul- und Anfängerbereich ist die Rolle durchaus sinnvoll, v. a. weil sie eine bekannte und häufig verwendete Technik ist und daher „dazugehört". Die Rolle ähnelt dem Abrollen im Kampfsport

26

und unterscheidet sich von der klassischen Rolle vorwärts im Turnen dadurch, dass schräg über die Schulter abgerollt wird. Der Belastungsverlauf ist dabei von der Schulter diagonal zur gegenüberliegenden Hüfte (Abb. 27). Dabei berührt der Kopf idealerweise nicht den Boden und auch die Wirbelsäule tangiert nur kurz den Untergrund. Die Rolle kann sowohl über die linke als auch über die rechte Schulter durchgeführt und sollte auf beiden Seiten immer wieder geübt werden. Zunächst sollte die Rolle immer auf Matten geübt werden (Abb. 28). Sichere Schüler können dann die Rollbewegung auf dem Turnhallenboden ausführen (Abb. 29). Dies sollte jedoch immer freiwillig passieren.

Allerdings ist zu beachten, dass die Ausführung der Rolle sehr schwierig ist und viel Übung bedarf, bis sie so gut ist, dass die eigentliche Funktion (Energieabsorption) erfüllt wird. Dies ist im schulischen Sportunterricht oftmals aus Zeitgründen nicht möglich. Daher sollte darauf geachtet werden, dass nicht so fortgeschrittene Traceure die Rolle zwar durchaus an Landungen anschließen können, sie jedoch die Sprunghöhe deswegen (zunächst) nicht steigern sollten. Dies gilt insbesondere beim Parkour outdoor (vgl. hierzu Kap. 7.1).

## Vierpunktlandung

**Weitere Bezeichnungen:** *frog, réception en douceur*

Diese Landung wird v. a. nach Sprüngen bzw. *drops* aus großer Höhe angewendet, die ohne viel Vorwärtsbewegung ausgeführt werden und es sich daher nicht anbietet, eine Rolle anzuschließen. Die Landung erfolgt auf den Füßen, sodass die meiste Energie durch die Beine absorbiert werden kann. Die Restenergie wird durch Aufsatz der Hände abgefangen.

Sicherheitshinweis: Es darf keinesfalls gleichzeitig bzw. mit gleicher Belastung auf Händen und Füßen gelandet werden, sondern immer erst auf den Füßen, so dass die Hauptenergie – wie bei einer „normalen" beidbeinigen Landung – durch die Beine absorbiert werden kann.

## Crane (jump)

Der *crane* ist eine einbeinige Landung auf einem Hindernis, wobei das zweite Bein die Landung stabilisiert (Abb. 32/33). Er wird i. d. R. angewendet, wenn das Hindernis (z. B. Kasten, Mauer, Pfosten) zu hoch ist, um mit beiden Füßen gleichzeitig darauf zu landen. Außerdem bietet er sich als „Sicherheitslandung" an, wenn ungewiss ist, ob eine Landung auf dem Hindernis erfolgreich sein wird.

## Präzi

**Weitere Bezeichnungen: Präzisionssprung,** *saut de précision*

Beim Präzi (häufig auch Präzisionssprung) geht es darum – wie der Name schon sagt – präzise auf einer begrenzten Fläche zu landen. Diese kann ein Geländer, eine Mauer, ein Kasten, eine Bordsteinkante und vieles andere mehr sein. Der Präzi kann also nach sehr unterschiedlichen Sprüngen, in unterschiedlichen Variationen und Kombinationen ausgeführt werden, z. B. als Landung:

- nach Sprüngen von unten nach oben (Abb. 34 und Abb. 35)
- nach weiten Sprüngen mit Landung auf breiterer Fläche (Abb. 36 und Abb. 37)

33

34

35

36

- nach weiten Sprüngen mit Landung auf schmaler Fläche (Abb. 38)
- nach Sprung nach oben, gefolgt von weitem Sprung mit Landung auf schmaler Fläche und nochmaligem Absprung (Abb. 39)
- nach (weiten) Sprüngen in großer Höhe oder über einen „Abgrund" (Abb. 40 und Abb. 41)
- nach einem Abschwung vom Ast auf einen Holzbalken (Abb. 42)
- nach einer Katze auf einem Hindernis, das tiefer als das übersprungene ist (Abb. 43).
- nach einer Katze auf einem Hindernis, das ähnlich oder gleich hoch ist, wie das übersprungene (Abb. 44).

40

41

Wichtig ist, dass die Traceure die Präzisionslandungen zunächst unter erleichterten Bedingungen üben (breite Landefläche, geringe Höhe, geringe Distanz) und wissen, welche Distanz sie mit einem Sprung überwinden können. Gerade draußen sollte (zunächst) die Landefläche nicht in sehr großer Entfernung gewählt werden (vgl. hierzu auch Kap. 7.1). Allerdings ist im Outdoor-Bereich die Entfernung von Hindernissen zueinander häufig nicht beliebig variierbar. Aus diesem Grund ist – wie auch bei erstmaliger Durchführung von weiten oder anspruchsvollen Sprüngen in der Halle – zunächst eine Sicherheits- bzw. Hilfestellung sinnvoll, die den Traceur bspw. mit Hilfe des Sandwichgriffes bei der Landung sichert (vgl. Abb. 42).

Zu beachten ist auch, dass Hindernisse in der Halle, die für Präzis geeignet sind (Turnbänke, Kästen, Turnböcke), häufig nicht stabil sind, bzw. wackeln oder gar umkippen können. Dies ist v. a. dann der Fall, wenn die Landung nach einem weiten Sprung erfolgt, weniger, wenn der Sprung von oben nach unten ausgeführt wird. Die Geräte (v. a. Turnböcke und kleine Kästen) sollten daher wenn möglich längs gestellt werden (in Sprungrichtung stehen), da sie so etwas mehr Stabilität haben. Zusätzlich können Böcke, große Kästen und Turnbänke festgehalten werden (vgl. hierzu auch Kap. 4.1.1).

42

43

44

## Armsprung

**Weitere Bezeichnungen: *cat leap, saut de bras***

Der Armsprung ist eine Landung an einem Hindernis (z. B. Mauer, Geländer, Sprossenwand) im Hockhang. Er wird angewendet, wenn das Hindernis zu hoch ist, um darauf zu landen. Beachtet werden muss, dass zuerst die Füße das Hindernis berühren, um den Schwung abzufangen. In der Halle eignen sich bspw. Sprossenwände, um den Armsprung zu üben (Abb. 45). Dabei sollte eine Matte vor die Sprossenwand gestellt werden, damit zum einen die Belastung für die Sprossen nicht zu hoch wird und zum anderen die Füße nicht zwischen die Sprossen geraten können.

Der Absprung kann auf dem Boden oder auf einem Hindernis (z. B. kleiner Kasten) erfolgen (Abb. 46), das sukzessive von der Sprossenwand entfernt werden kann, um die Distanz und damit die Herausforderung zu vergrößern. Zwischen kleinem Kasten und Sprossenwand sollte eine Matte gelegt werden, für den Fall, dass sich der Traceur nicht halten kann. Eine Sicherheitsstellung ist bei langsamer Steigerung der Entfernung nicht unbedingt notwendig, kann aber bei größeren Entfernungen oder Varianten (s. u.) durch seitlichen Klammer- bzw. Sandwichgriff an der Hüfte erfolgen (Abb. 47).

Der *cat leap* eignet sich auch, um ihn zu zweit synchron auszuführen und nebeneinander an der Sprossenwand zu landen (Abb. 48). Daraus kann auch eine Mini-Gruppen-Bewegungsabfolge entwickelt werden:

– Zwei Traceure laufen gemeinsam an, springen einbeinig von einem Kasten ab, landen an der Sprossenwand.

– Ganz kurz zeitversetzt laufen links und rechts neben der Sprossenwand zwei (oder mehr) weitere Traceure an, stoßen sich einbeinig von der Wand ab (*tic tac*).

- Die beiden Traceure an der Sprossenwand stoßen sich nach einer ganz kurzen Hangphase zeitgleich mit dem *tic tac* der anderen Traceure von der Sprossenwand ab, sodass alle vier (oder mehr) Traceure gleichzeitig die Sprossenwand bzw. die Wand verlassen.
- Nach der Landung erfolgt eine Rolle und alle Traceure laufen gemeinsam weg/weiter.

Diese Mini-Bewegungsabfolge gelingt i. d. R. bereits nach wenigen Versuchen synchron und beeindruckt die Zuschauer trotz der Einfachheit.

Als Variante kann der Armsprung bspw. nach einer Katze erfolgen, die über einen Kasten gesprungen wird, der vor der Sprossenwand steht (Abb. 49). In Abb. 50 ist ein *cat leap* zu sehen, der aus dem Durchbruch bzw. *lâché* am Reck ausgeführt wird. Aus der

Armsprung-Hangposition erfolgt ein Abstoß mit einer halben Drehung wieder zurück an das Reck. Der Armsprung kann auch als Vorbereitung für eine Mauerüberwindung eingesetzt werden (Abb. 51).

lazy

52

## 5.1.2 Vaults

Nach den Landungen werden nun Sprünge vorgestellt, von denen die meisten der Hindernisüberwindung dienen. Bis auf den *drop* werden die *vaults* aus dem (schnellen) Lauf heraus wieder in den Lauf ausgeführt. Zunächst werden Sprünge mit und anschließend ohne (Hand-)Stütz vorgestellt. Diese werden auch zusammenfassend als *passements* bezeichnet. Bei den gestützten Sprüngen erfolgt die Hilfestellung – sofern erforderlich – mittels Klammergriff am Oberarm.

### Lazy

Der *lazy* (Abb. 52) ist ein relativ leichter und ungefährlicher Sprung, bei dem das Hindernis (Kasten, Mauer, Ge-länder) rücklings überwunden wird. Er eignet sich zum effizienten Überwinden von Hindernissen bis ca. Hüfthöhe und wird meist aus nicht so schnellem Lauf ausgeführt. Der Anlauf erfolgt schräg, der Absprung mit dem hindernisfernen Bein, die Landung auf dem anderen (Abb. 53). Es stützt zunächst die dem Absprungbein gegenüberliegende Hand (in den Abbildungen: Absprungbein rechts, erste Stützhand links). Als Vorübung kann der *lazy* zunächst in den Sitz auf den Kasten ausgeführt werden (Abb. 54). Eine weitere mögliche Vereinfachung ist das Springen über zwei unterschiedlich hohe Kästen, wobei der Stütz auf dem höheren erfolgt und die Füße über den tieferen geführt werden (Abb. 55).

53

54

## Speed vault

**Weitere Bezeichnungen:** *passement rapide*, **schnelle Überwindung, Wolfsprung**

Der *speed vault* ist dem *lazy* ähnlich, wird jedoch – wie der Name sagt – meist mit großer Geschwindigkeit, d. h. aus dem schnellen Lauf heraus über ein (ebenfalls bis ca. hüfthohes) Hindernis (Kasten, Mauer, Geländer) ausgeführt. Grundlegende Unterschiede zum *lazy* in der Bewegungsausführung sind zudem, dass beim *speed vault*

– der Anlauf weniger seitlich, sondern eher frontal erfolgt,
– vom hindernisnahen Bein abgesprungen wird (sofern der Anlauf leicht schräg erfolgt)
– auf dem Absprungbein auch wieder gelandet wird,
– nur mit einer Hand gestützt wird.

55

– die Stützhand auf derselben Seite wie das Absprungbein ist (in den Abbildungen Absprungbein und Stützhand jeweils links).

speed vault

56

57

**58**

## Reverse

**Weitere Bezeichnungen: 360**

Der *reverse* ähnelt einer Hockwende, wobei während bzw. nach der Hindernisüberquerung (weiter) in Drehrichtung der Hockwende um die Körperlängsachse rotiert wird. Der Absprung erfolgt meist beidbeinig, die Landung ein- (Abb. 58) oder – v. a. bei höheren Hindernissen – beidbeinig (Abb. 59 und Abb. 60).

Als Vorübung kann zunächst
– das Hindernis sehr niedrig gewählt werden,
– eine Hockwende mit Aufknien, dann mit Aufhocken gesprungen werden,
– eine Hockwende über das Gerät ausgeführt werden, wobei nach der Landung weitergedreht und weitergelaufen wird.

## Katze und Varianten

**Weitere Bezeichnungen: Katzensprung, *saut de chat*, *monkey (vault)*, *kong (vault)***

Der Katzensprung ist vergleichbar mit der Sprunghocke des Gerätturnens und wird in vielen unterschiedlichen Varianten ausgeführt:
– Beidbeiniger Absprung: Die Katze wird bei relativ hohen Hindernissen häufig beidbeinig abgesprungen (Abb. 61),
– Einbeiniger Absprung: Wenn eine relativ große Distanz überwunden werden soll, erfolgt der Absprung meist einbeinig. Der Traceur springt weit vor dem Hindernis ab (Abb. 62) bzw. überspringt ein anderes Hindernis, bevor er auf dem zweiten stützt (Abb. 63 und Abb. 64). Die weite Katze wird auch *kong (vault)* genannt.

**59**

**60**

Katze

61

62

63

64

- Doppelkatze
  - Bei der Doppelkatze bzw. dem *double kong* stützt der Traceur zweimal auf einem langen Hindernis oder jeweils einmal auf zwei hintereinander stehenden Objekten (Abb. 65).
  - Der Absprung wird aufgrund der notwendigen weiten horizontalen Translation – wie in den Abbildungen zu sehen – meist einbeinig ausgeführt, kann jedoch auch beidbeinig erfolgen (Abb. 66).
  - Dabei können die Hindernisse – in diesem Fall Kästen – zunächst eng zusammengestellt werden (Abb. 67), bevor die Distanz und damit die notwendige Sprungweite vergrößert wird (Abb. 68).
  - Bei relativ schmalen Hindernissen (Turnböcke, Steinsäulen) kann die Bewegung erleichtert werden, in dem nach dem zweiten Stütz die Beine gegrätscht werden (Abb. 69), bevor am selben Hindernis die Doppelkatze gesprungen wird (Abb. 70).
- *Kash:*
  - Der *kash* (Abb. 71) ist eine Kombination aus Katzensprung und *dash* (s. u.), damit ähnlich der Doppelkatze. Allerdings steigt die Hüfte dabei nicht über Schulterhöhe und die Beine werden nach dem ersten Abdruck unter dem Rumpf nach vorne geschoben, sodass sie das zweite Hindernis passieren, bevor der zweite Handstütz aufgenommen wird.

68

69

70

kash

71

43

○ Der *kash* kann auch (zunächst) mit Doppelstütz auf nur einem Hindernis ausgeführt werden (Abb. 72). Diese Variante ist leichter zu realisieren, da deutlich weniger Schwung und Abdruck benötigt wird.

○ Eine weitere vorbereitende Variante für den *kash* über zwei Hindernisse ist in Abb. 73 dargestellt.

– Die Station dieser vorbereitenden Variante für den *kash* kann auch zur Heranführung an die Doppelkatze eingesetzt werden.

– Katze-Präzi: Nach der Katze erfolgt eine Präzisionslandung (Abb. 74). Weitere Katze-Präzi-Varianten sind im Abschnitt „Präzi" dargestellt.

– Katze-*drop*: Siehe Abschnitt *drop*.

Bei allen Katzensprüngen und Varianten muss darauf geachtet werden, dass das Hindernis stabil ist und nicht umfallen kann. Gerade bei der Doppelkatze und noch mehr beim *kash* sowie bei der „Katze mit Präzi auf ein hohes Hindernis" erfolgt ein sehr kräftiger Abdruck, um eine Rotationsumkehr einzuleiten. Dies erhöht bei quer gestellten Kästen die Gefahr des Umkippens, wie in Abb. 75 zu sehen ist, beträchtlich. Längs gestellte Kästen sind stabil und können nicht kippen.

Als Vorbereitung für die Katze kann ein in Abb. 76 dargestellter Aufbau gewählt werden, der das gefahrlose Üben ohne Hilfestellung ermöglicht: Der Stütz erfolgt jeweils auf einem Kasten, der Körper befindet

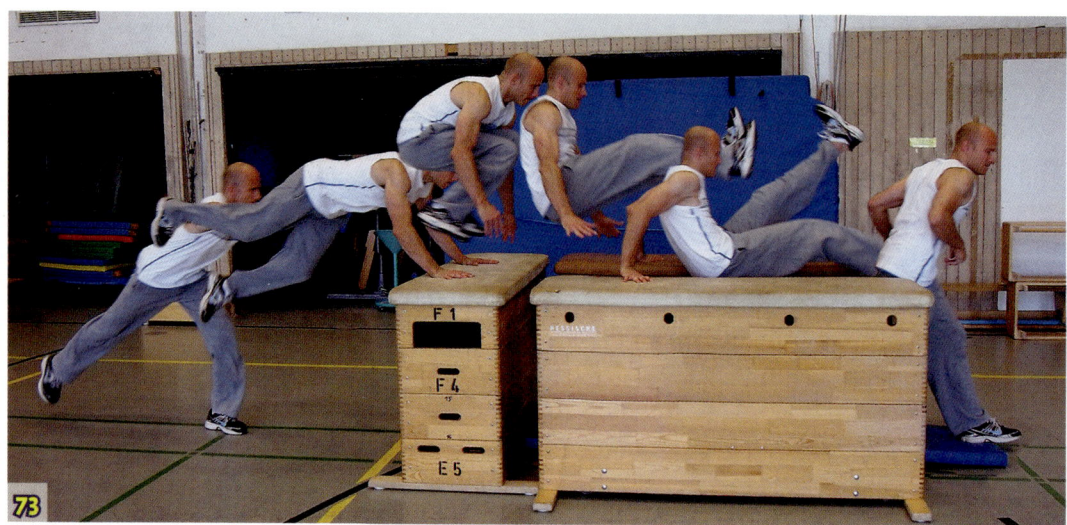

Katze-Präzi

sich zwischen den Kästen, so dass ein Hängenbleiben der Beine ausgeschlossen ist (Abb. 77). Der Schwierigkeitsgrad kann erhöht werden, indem ein kleiner Kasten (später hochkant) oder besser noch ein Mattenblock oder Keil, der bei Berührung umkippt, in die Kastengasse gestellt wird. Ebenso kann ein Seil o. Ä. auf die Kästen gelegt werden. Hierdurch bekommen die Schüler eine direkte Rückmeldung, ob sie die Katze über den Kasten geschafft hätten, ohne dass ein Scheitern Konsequenzen hätte.

Wird die Katze über ein durchgängiges Hindernis – in der Halle i. d. R. ein Kasten – gesprungen, ist zunächst eine Hilfestellung unbedingt angeraten, da ein Hängenbleiben mit den Füßen einen Sturz nach vorne über den Kasten zur Folge haben kann (Abb. 78).

## Dash
### Weitere Bezeichnung: Diebsprung
Beim *dash* wird das Hindernis – wie bei der Katze – frontal angelaufen und überquert. Im Gegensatz zur Katze wird der *dash* jedoch immer einbeinig abge-

79

80

sprungen und dabei eine Rückwärtsrotation eingeleitet, sodass die Beine das Hindernis vor der Handstützphase überqueren. Der *dash* wird meist bei bis
zu hüfthohen Hindernissen angewendet, die aus dem
schnellen Lauf und ohne bzw. mit wenig Tempover-
lust überwunden werden (Abb. 79 und Abb. 80). Für
den *dash* gelten dieselben Hinweise zur Sicherheit und
Methodik wie beim Katzensprung.

Als weitere Vorübung kann der *dash* auf einen Mattenberg in den Sitz gesprungen werden (Abb. 81). Diese
Variante eröffnet die Möglichkeit, gefahrlos auszuprobieren, wie hoch das Hindernis maximal sein kann. In
einem nächsten Schritt kann ein Kasten vor den Mattenberg gestellt werden, sodass ein richtiger Stütz
aufgenommen werden kann (Abb. 82). Jedoch gibt der
Mattenberg Sicherheit, z. B. wenn der Stütz nicht ge-
halten werden kann.

Bei flachen Hindernissen ist darauf zu achten, dass
auch der Sprung flacher ausgeführt wird, um nicht aus
großer Höhe im Stütz auf dem Kasten zu landen, da die
Rücklings-Stützposition verletzungsträchtiger ist als
die Vorlings-Stützposition beim Katzensprung.

Wie alle anderen Sprünge kann auch der *dash* synchron mit einem Partner ausgeführt werden (Abb. 83)
oder mit Absprunghilfe über höhere Hindernisse wie
bspw. eine künstliche Mauer (Abb. 84).

## Tic tac

Der *tic tac* ist eine Bewegung, bei der man sich mit dem
Fuß von einem Objekt abstößt, um über ein Hinder-
nis (Abb. 85) oder ein „gap" (Abb. 86) zu springen oder
auf einem (höheren) Objekt zu landen (Abb. 87/88).
Unserer Erfahrung nach birgt der *tic tac* einen hohen
Aufforderungscharakter, v. a. auch für nicht so sport-

tic tac

liche Kinder und Jugendliche. Die folgenden Vorübungen bzw. Varianten mit einem Turnkasten an der Wand ermöglichen mit minimalem Geräteaufwand schnelle Bewegungserfolge. Dabei kann die Schwierigkeit durch die Kastenhöhe variiert werden:

– Handstütz auf dem Kasten, ein Schritt gegen die Wand und Aufknien auf dem Kasten (Abb. 89).
– Handstütz auf dem Kasten, ein Schritt gegen die Wand und beidbeinige Landung auf dem Kasten (Abb. 90).
– Handstütz auf dem Kasten, ein oder mehrere Schritte an der Wand und Überspringen des Kastens ohne Fußkontakt auf dem Kasten (Abb. 91). Damit diese Variante gelingt, muss zwischen Fußkontakt an der Wand und Handstütz auf dem Kasten ein stabilisierendes Widerlager aufgebaut werden. Prinzipiell kann man in der Handstützphase (Bild 4 der Serie) verharren. Der Arm-Rumpf-Winkel ist dabei größer,

als dies bei den ersten beiden Varianten notwendig ist. Die veränderte Stützposition ist deutlich zu erkennen, wenn man das jeweils dritte Bild der ersten beiden mit dem vierten der dritten Serie vergleicht: Bei letzterem stützt die Hand weiter von der Wand entfernt, sodass ein größerer Druck zwischen Fuß und Hand aufgebaut werden kann. Wenn die Übenden das Gefühl für die Stützphase bekommen, wird der *tic tac* in dieser Variante (bei fast allen) gelingen.

– Bei der letzten dieser vier Varianten wird der Kasten direkt mit Hilfe der Wand übersprungen, indem der Traceur einen, zwei oder auch drei Schritte an der Wand macht (Abb. 92).

Erweiterungen des *tic tac* werden in Kapitel 8 aufgezeigt. *Tic tac*-Varianten, die diesen zu einem Freerunning-*move* werden lassen, sind in Kap. 5.2.5 dargestellt.

gap jump

93

## Gap jump

**Weitere Bezeichnungen: Weitsprung, *saut de détente,
long jump***

Der *gap jump* ist ein Distanzsprung, also ein Sprung in
die Weite, mit dem ein (flaches) Hindernis oder aber
ein „Abgrund", ein Treppenaufgang oder anderes,
überquert wird. Wenn der *gap jump* aus dem Laufen
ausgeführt wird, erfolgt der Absprung einbeinig, sodass große Distanzen überwunden werden können.
Der letzte Schritt kann zudem auf ein kleines Objekt
(in der Halle z. B. ein kleiner Kasten) gemacht werden,
sodass der Absprung aus einer höheren Position erfolgt, was noch größere Weiten ermöglicht (Abb. 93).
An den einbeinigen *gap*, der häufiger auch mit den Be-
griffen *saut de détente* und *long jump* bezeichnet wird,
wird oft eine Rolle angeschlossen, v. a. dann, wenn
der Sprung nicht nur in die Weite, sondern auch nach
unten erfolgt (vgl. hierzu auch die Ausführungen zur
Rolle in diesem Kapitel).

95

94

96

Eine andere Variante ist der beidbeinige *gap jump*. Sie wird dann gewählt, wenn ein Anlauf vor dem Absprung nicht möglich ist, wie bspw. beim Überspringen eines Treppenaufgangs (Abb. **94**) oder einer Kluft an U-Bahnstationen (Abb. **95**).

Der (beidbeinige) *gap jump* wird teilweise auch als Präzi bezeichnet, wenn nach Überwindung des *gap* eine präzise Landung auf einer räumlich begrenzten Fläche erfolgt (Abb. **96/97**).

## Drop

**Weitere Bezeichnungen: Niedersprung, *saut de fond***

Beim *drop* werden keine großen horizontalen Distanzen überwunden, sondern der Traceur springt nach unten (Abb. **98**) oder lässt sich aus einer Hangposition nach unten fallen (Abb. **99**). Die Landung erfolgt – anders als beim *gap jump* – meistens als Vierpunktlandung bzw. auf den Füßen, ohne eine Rolle anzuschließen, da diese ohne vorherige horizontal-translatorische Bewegung schwierig ist (vgl. Abschnitt Rolle in Kap. 5.1.1). Eine weitere Variante ist der *drop* mit vorausgehender Katze (Abb. **100**).

Wie für alle Bewegungen gilt insbesondere für den *drop*, den Schwierigkeitsgrad – hier die Höhe – langsam zu steigern. Gerade bei Landungen draußen auf Wiese,

100

Beton oder Asphalt sollten die Höhen zunächst sehr gering gewählt werden. Dies gilt v. a. für den Schulbereich sowie im Vereinssport für Parkour-Beginner, wo *drops* aus großen Höhen gar nicht ohne Matten durchgeführt werden sollten. Sprunghöhen wie in Abbildung 100 zu sehen, sind Könnern vorbehalten, die ihren Körper durch mehrjähriges Training auf solche Belastungen vorbereitet haben. In der Halle lässt sich die Höhe i. d. R. durch Geräte/Sprossenwände/Leitern langsam steigern. Durch die dämpfenden Eigenschaften geeigneter Matten sind zudem *drops* von deutlich höheren Objekten möglich als im Outdoor-Bereich. Draußen lassen sich nicht immer passende Hindernisse finden, um die Fallhöhe langsam zu steigern. Auch hier können jedoch durch den Einsatz von Matten Sprunghöhen erreicht werden, die ohne diese nicht für Parkour-Anfänger gefahrlos zu bewältigen sind. Um die Belastung zu reduzieren, sollten (höhere) *drops* nicht auf Beton oder Asphalt gelandet werden. Stattdessen bieten sich Wiesen an oder besser noch Landeflächen mit Sand oder Rindenmulch (zerkleinerte Baumrinde), die häufig auf Spielplätzen vorzufinden sind (vgl. hierzu auch Kap. 7.1).

### 5.1.3 Weitere Techniken

#### Wallrun

**Weitere Bezeichnungen: *wall climb, climb-up, passe-muraille*, Mauerüberwindung**

Das Überwinden einer höheren Mauer, die nicht direkt mit einem Sprung überwunden werden kann, wird als wallrun bezeichnet. I. d. R. wird die Mauer zunächst angelaufen, d. h. der erste Kontakt – bei höheren Mauern auch zwei oder drei Kontakte – erfolgt mit dem Fuß bzw. den Füßen. Ist die Mauer so hoch, dass mehrere Fußkontakte an der Mauer notwendig sind und mehr geklettert werden muss, wird die Bewegung eher als *wall climb*, oder *climb-up* bezeichnet (Abb. 101/102).

Wenn die Mauer nicht viel höher als der Traceur selbst ist, sodass ein Fußkontakt ausreicht, um in den Stütz zu kommen, spricht man häufig von *passe-muraille* (Abb. 103/104). In der Halle kann, wie in Abb. 104 zu sehen, die Mauer mit Hilfe eines Barrens konstruiert werden, in den eine oder mehrere Matten gestellt werden, sodass der Traceur eine stabile „Wand" zum Überwinden hat. Es eignen sich feste Weichböden oder dicke Niedersprungmatten, ggf. ergänzt mit Turnmatten, sodass möglichst kein Platz zwischen Matten und Barrenholmen ist. Optimal – und bei weichen Weichböden sehr zu empfehlen – ist ein zwischen Matten und Holmen durchgefädelter Bodenläufer, der dem Aufbau noch mehr Stabilität verleiht.

Diese *wall* kann ohne, aber auch mit unterschiedlichen Hilfsmitteln und Techniken überwunden werden, sodass eine vielfältige Differenzierung möglich ist:
– mit „Räuberleiter" durch einen Partner
– mit Hilfe eines Taus, das genutzt werden kann, wenn der Barren unterhalb der Taue aufgebaut wird
– mit Sprungbrett, kleinen oder großen Kästen oder Böcken als Aufstiegshilfe
– mit einer Treppe aus den o. g. Geräten, sodass die wall ggf. sogar im Sprung
  ○ mit Handkontakt (Abb. 105) oder
  ○ ohne Handkontakt (Abb. 106)
  überwunden werden kann

# wallrun

**101**

**102**

**103**

**104**

## Gate move

Der *gate move* wird bspw. dazu verwendet, schnell über einen höheren, stabilen Zaun zu gelangen (Abb. 107). Dazu springt der Traceur am Tor oder am Zaun in den Stütz, greift mit einer Hand auf der anderen Seite nach unten und führt eine Art Randwende darüber aus. Eine Variante des *gate move* wird in Kap. 5.2.2 beschrieben.

## Demi-tour

**Weitere Bezeichnung: 180**

Der *demi-tour* ist eine halbe Drehung aus dem Stand vorlings mit Handstütz über ein Hindernis, um kon-

trolliert auf dessen andere Seite zu gelangen. Die Stützhand greift das Objekt – häufig ein Geländer – im Kammgriff. Der *demi-tour* endet entweder im Stand vorlings (Abb. 108) oder in einer Hangposition mit Fußstütz am Hindernis (Armsprung-Position), an die bei entsprechender Höhe des Objektes ein *drop* angeschlossen werden kann (Abb. 109).

## Durchbruch

**Weitere Bezeichnungen:** *underbar, franchissement*

Der Durchbruch ist eine Technik, bei der der Traceur eine oben und unten begrenzte Lücke „durchbricht" (Abb. 110). Die Bewegung hat gewisse Ähnlichkeit mit

gate move

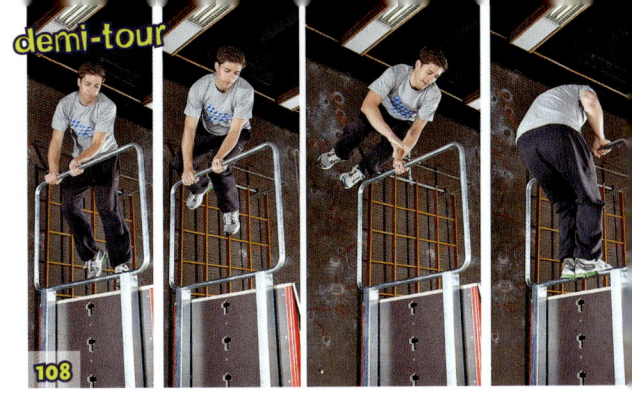

einem Unterschwung. Allerdings wird die Bewegung, v. a. bei relativ engen Lücken, nicht bogenförmig und hoch ausgeführt, sondern der Traceur versucht möglichst gerade und in einer horizontalen Position das Hindernis zu durchbrechen, um nicht die obere oder untere Begrenzung der Lücke zu berühren. In der Halle lassen sich solche „Lücken" bspw. mit einem Stufenbarren konstruieren, an dem der Durchbruch – gerade wenn die Höhendifferenz der Holme groß ist – leicht zu realisieren ist. Auch durch den horizontalen Abstand der Holme begünstigt, ähnelt solch ein Durchbuch stärker dem turnerischen Unterschwung (Abb. 111). Auch das Reck bietet sich für unterschiedliche Varianten des Durchbruchs an (vgl. hierzu auch Kap. 6.3):

– Durchbruch am Reck mit Seil. Diese Variante ist noch leichter und ungefährlicher als am Stufenbarren, da die untere Begrenzung flexibel ist. Die Schwierigkeit lässt sich erhöhen, indem das Seil vertikal und horizontal der Reckstange angenähert wird.
– Statt des Seils können andere Hindernisse unter oder vor das Reck gestellt werden wie bspw. ein Keil (Abb. 112), eine Matte (Abb. 113) oder ein Pezziball (Abb. 114). Diese Hindernisse können je nach Niveau des Übenden flexibel eingesetzt werden und verzeihen eine fehlerhafte Bewegung.

**Durchbruch**

– Beim Durchbruch am Doppelreck (Abb. 115) hingegen, kann eine fehlerhafte Ausführung schmerzhaft
sein. Aus Sicherheitsgründen sollte daher (zunächst)
die untere Stange bspw. mit einer Matte oder Rohr-
ummantelung abgepolstert werden. Auch bei dieser
Variante kann der Schwierigkeitsgrad sukzessive
durch Verkleinerung des Abstandes der Reckstangen
zueinander gesteigert werden.

Sicherheitshinweis: Die Traceure sollten beim Lernen
des Durchbruchs bzw. des Unterschwungs als Vorübung die Arme (annähernd) gerade lassen, um einen
Kontakt des Kopfes mit der (oberen) Stange zu vermeiden. Erst wenn die Lücke schmaler wird, ist ein stärke-
res Beugen der Arme unausweichlich, um das Hindernis durchbrechen zu können, ohne mit dem Rücken an
der unteren Begrenzung hängen zu bleiben.

## Reverse underbar

Der *reverse underbar* ist eine weitere Möglichkeit, um
eine horizontale Lücke zu durchqueren (Abb. 116/117).

## Balancieren

**Weitere Bezeichnungen:** *équilibre, catwalk, cat balance*
Bei Le Parkour wird Balancieren i.d.R. als Fortbewe-
gung auf einer als schmal und oder hoch empfunde-

nen Unterstützungsfläche (z. B. Geländer, Mauer) verstanden (Abb. 118). Je kleiner (schmaler) und höher das
Objekt ist, auf dem balanciert wird, desto anspruchs-
voller ist die Balancieraufgabe und desto größer der
Wagnischarakter der Situation. Beim Balancieren ist
der Traceur anfällig für die Schwerkraft, da er sich
nicht in einer stabilen Position befindet. Der Körperschwerpunkt muss senkrecht über dem Stand- oder

117

Stützpunkt ausbalanciert werden, um das Gleichgewicht nicht zu verlieren. Das Balancieren auf allen vieren wird auch *catwalk* oder *cat balance* genannt (Abb. 119).

### Lâché

**Weitere Bezeichnung: loslassen**

Mit *lâché* wird das Loslassen aus dem Hang bezeichnet, das in unterschiedlichen Varianten ausgeführt werden kann, z. B.:

- aus dem Hang mit Landung auf dem Boden
- aus dem Hang in eine tiefere Hangposition
- aus dem Schwung mit Landung auf dem Boden, ggf. gefolgt von einer Rolle
- aus dem Schwung mit Präzisionslandung (Abb. 120)

Balancieren

118

119

lâché

120

121

- aus dem Schwung zum Hang in eine gleich oder ähnlich hohe Hangposition bzw. in den Schwung (Abb. 121).
- aus dem Schwung in eine tiefere Hangposition
- Kombinationen aus Springen an eine Stange, Schwingen, Loslassen, Wiederfangen, Loslassen und Landen (Abb. 122).

Sicherheitshinweise: Das Loslassen aus dem Vorschwung (zur Landung auf dem Boden oder zum Wiederfassen einer anderen Stange) birgt bei falscher Ausführung die Gefahr eines Sturzes auf den Rücken oder gar den Kopf. Durch den Vorschwung wird eine Rückwärtsrotation erzeugt. Diese muss durch eine Konterbewegung gestoppt bzw. wieder umgekehrt werden. Der Körper rotiert dabei nach vorne, sodass eine sichere Landung auf den Füßen möglich ist bzw.

die nächste Stange ergriffen werden kann. Dieser Konter wird erzeugt, indem der Vorschwung der Beine (Schließen des Bein-Rumpf-Winkels) unterbrochen bzw. umgekehrt wird, indem der Bein-Rumpf-Winkel wieder geöffnet wird (Fersen nach unten drücken bzw. zurückführen). Gleichzeitig erfolgt ein Öffnen des Arm-Rumpf-Winkels (Abb. 123). Bis diese Konterbewegung sicher beherrscht wird, ist eine Sicherheitsstellung sinnvoll, die den Traceur mittels Sandwichgriff stabilisiert (Abb. 124). Auch das Springen an eine Stange sollte (zunächst) mit Matten und durch eine Person gesichert werden, da ein Abrutschen von der Stange im Vorschwung fast unweigerlich zu einem Sturz auf Rücken oder Kopf führt. Die Gefahr des Abrutschens ist bei dicken Stangen groß und v. a. dann, wenn sie so weit entfernt ist, dass sie gerade noch erreicht, aber ggf. nicht sicher umfasst werden kann.

122

123

124

## 5.2 Freerunning: Bewegungen ausgestalten

Die folgenden Bewegungen werden als Freerunning-Bewegungen bezeichnet, da sie nicht unmittelbar im Sinne von Le Parkour der effizienten Überwindung von Hindernissen dienen, sondern eine kreative Bewegung am Hindernis sind (vgl. ausführlich Kapitel 2.3.1 Freerunning). Oft wird durch die Bewegung sogar die Bewegungsrichtung um 180° gewechselt. Die *moves* sind kreativ und können miteinander kombiniert und verwoben werden. Dadurch ergibt sich ein Flow, der durch nahtlos ineinander überführte Bewegungskunststücke gekennzeichnet ist.

### 5.2.1 Kreative Hindernisüberwindungen

#### Rolle
Die Rolle (vgl. auch Kap. 5.1.1) dient nicht nur dazu, Landungen bei Niedersprüngen gelenkschonend zu gestalten, sondern wird oft auch als Element genutzt, um Kombinationen flüssiger aussehen zu lassen oder Hindernisse zu überwinden.

Gelingt die Rolle auf dem Boden, gibt es die Möglichkeit, die Rolle über Hindernisse auszuführen (Abb. 125). Dabei sollte vom niedrigen, breiten zum hohen, schmalen Hindernis vorgegangen werden. Am Anfang bietet es sich außerdem an, hinter das Hindernis Weichböden zu legen, da die ersten Versuche oft nicht auf den Füßen gelandet werden können. Wichtig ist außerdem, dass weiterhin über die Schulter gerollt und diese auf dem Kasten aufgesetzt wird. Ist

die Rolle zu weit auf den Kasten gesprungen, besteht die Gefahr, hinten herunter zu fallen. Die Rolle klappt andererseits ebenfalls nicht, wenn der Kopf vor dem Kasten bleibt.

Die Rolle kann sowohl mit einem oder beiden Beinen, aus dem Stehen, Gehen oder aus dem vollen Lauf ausgeführt werden. Häufig gelingt es Kindern und Jugendlichen über diese Bewegungsreihe „Rolle über den Kasten" den *sideflip* zu entwickeln (vgl. Kap. 5.2.6). In einigen Turnhallen gibt es große Schaumstoffblöcke. Sie sind ideal zum Üben dieser Bewegung.

Für Fortgeschrittene gibt es darüber hinaus die Möglichkeit, eine Flugrolle (*dive roll*) über ein Hindernis auszuführen (vgl. Abb. 25 auf S. 29). Auch hier sollte zunächst darauf geachtet werden, dass das Hindernis niedrig, die Landung weich ist und eine Hilfestellung gegeben wird. Flugrollen sollten gerade bei größeren Distanzen nur Könnern vorbehalten sein, da die Gefahr einer zu geringen Rotation besteht, was eine verletzungsträchtige Landung auf dem Kopf bzw. dem Nacken zur Folge haben kann. (Weite) Flugrollen sind gefährlicher als Salti und sollten daher nur von erfahrenen Kindern und Jugendlichen sowie mit Zustimmung der Lehrkraft durchgeführt werden (vgl. hierzu auch Kap. 4.1.2).

#### In and out
Diese Bewegung ist für Schüler, die die ersten Sprünge (*cat*, *lazy*, insbes. *reverse*; vgl. Kap. 5.1.2) können, leicht zu erlernen. Dieser Trick ist ein *reverse*, der aus einem (angetäuschten) *lazy* vom Kasten geturnt wird (Abb. 126). Das Schwungbein zieht von innen (*in*) nach außen (*out*); daher auch der Name „*in and out*". Die zweite (rechte) Hand stützt ergänzend auf dem Kasten.

Handstand-Katze

127

(vgl. hierzu auch die Vorübung zur Doppelkatze in Abb. 69).

Da die Landung meist mit viel Schwung in Bewegungsrichtung bzw. mit viel Vorlage erfolgt, bietet es sich an, die Bewegung in eine Rolle zu überführen.

### Fifty-fifty

Der Trick wird *fifty-fifty* (50:50) genannt, weil man noch während des *moves* entscheiden kann, in welche Richtung die Bewegung beendet wird: Entweder in die Richtung, aus der der *fifty-fifty* begonnen wurde (Abb. 128), oder über das Hindernis hinweg (Abb. 129). Der *fifty-fifty* „zurück auf die Ausgangsseite" ist wesentlich leichter.

Zunächst kann die Bewegung auf dem Boden geübt werden. Sie gleicht dem Unter-Bein-Kreisen, das aus dem Turnen bekannt ist (Abb. 130). Dabei wird ein Bein in kreisender Bewegung um den Körper geführt und vom anderen Bein über das kreisende Bein gesprungen. Die Arme stützen auf dem Boden.

Der *fifty-fifty* wird wie der *lazy* angesetzt, d. h. vom hindernisfernen Bein (re) abgesprungen und mit der hindernisnahen Hand (li) gestützt. Nach der Landung mit dem Absprungbein auf dem Kasten, dem Beinwechsel und dem darauf folgenden Unterbeinkreisen landet der Traceur beim *fifty-fifty nach hinten* wieder auf der Seite, von der die Bewegung begonnen wurde.

Beim *fifty-fifty* „nach vorne" wird die kreisende Bewegung auf dem Kasten verstärkt und nicht nach hinten, sondern nach vorne vom Kasten gesprungen. Die Bewegung erinnert dann an den *dash-vault* (vgl. Kap. 5.1.2). Der Übende benötigt hierfür ein hohes Maß an Gleichgewichtsgefühl und Stützkraft.

### Handstand-Katze-Kombination

Bei diesem Trick wird eine Katze von einem Hindernis herunter gesprungen. Er könnte daher zunächst auch den Parkour-Bewegungen zugeordnet werden. Wird die Bewegung jedoch kreativ ausgestaltet und durch den Handstand ausgeführt bzw. aus dem Handstand eingeleitet, fällt sie in den Bereich der Freerunning-*moves* (Abb. 127).

Voraussetzung für das Erlernen dieser Bewegung ist das sichere Beherrschen der Katze. Aus dem Katzensprung von einem Hindernis (z. B. Längskasten) kann sukzessive versucht werden, sich der Handstandposition anzunähern. Dabei lässt man sich immer weiter überfallen und verzögert den Abdruck und die Hockbewegung. Als Vorübung oder für ängstlichere Schüler kann es sinnvoll sein, abzugrätschen statt abzuhocken

fifty-fifty

128

## Yamakasi

Der nach einer französischen Parkour-Gruppe benannte Yamakasi (vgl. Kap. 2.1) ist ein Trick, der am hüfthohen Reck durchgeführt werden kann. Er besteht aus einem Aufsitzen auf die Stange in die eine Richtung und ein Absteigen in die andere Richtung. Zwischendurch sitzt man auf der Stange und beide Hände greifen diese rechts und links vom Gesäß (Abb. 131).

Am Ende der Bewegung landet man auf der gleichen Seite der Stange, auf der man gestartet ist. Um diesen *move* zu erlernen, sollte zunächst die Bewegungsgeschwindigkeit reduziert werden. Bei Durchführung an einer Stange unter Schritthöhe kann die Bewegung zudem durch den Bodenkontakt der Beine vereinfacht werden. Mit Schwung und flüssigen Bewegungen wird daraus schließlich eine runde Bewegung ohne Bodenkontakt. Draußen lässt sich die Bewegung hervorragend an Geländern ausführen (Abb. 132).

**133**

## Ashigaru

Dieser *move* ist nach der gleichnamigen Frankfurter Parkour-Community (www.ashigaru.de) benannt. In vielen Lehrerfortbildungen, die von den Autoren durchgeführt wurden, hat der Ashigaru wegen der Drehungen zwar für Verwirrung gesorgt. Jedoch wurde er gerne und intensiv von den Teilnehmern geübt. Eine Lehrerin erkannte ihn als Doppelarabeske aus der rhythmischen Sportgymnastik wieder. Der Trick besteht insgesamt aus 1½-Drehungen um die Längsachse über ein Hindernis.

In der Fotoreihe ist der Ashigaru in Form einer Linksdrehung abgebildet (Abb. 133). Der Kasten sollte für Anfänger weder zu hoch noch zu niedrig sein. Etwas unter Hüfthöhe hat sich als sinnvoll erwiesen. Wichtig ist, dass am Ende der Bewegung beide Hände zwischen die Beine auf das Hindernis greifen und den Oberkörper vom Kasten weg stützen. Eine weitere halbe Drehung auf dem Boden vom Kasten weg lässt die Bewegung flüssiger aussehen. Es gilt die Bewegung zunächst langsam auszuführen und mit fortschreitender Sicherheit das Tempo zu steigern. Der Ashigaru lässt sich sehr gut mit weiteren Tricks am Kasten (z. B. der Rolle über den Kasten, *ledge roll*) oder einfachen Sprüngen darüber kombinieren.

## Ledge roll

Die *ledge roll* (*ledge*, engl. Vorsprung, Sims, Kante) ist eine Seitwärtsrolle z. B. entlang einer Mauer- oder Kastenkante. In Abbildung 134 sieht man die Rolle in Verbindung mit einem Ashigaru, der dazu dient, die Rolle mit Schwung durchzuführen. Die eigentliche Rolle beginnt ab Bild 6. Für den Anfänger bietet es sich an, die *ledge roll* zunächst an zwei Kästen zu üben, die längs aneinander vor einen Mattenberg gestellt sind. Die Orientierung während der Rolle ist anfangs schwer und der Mattenberg verhindert ein Hinunterfallen auf der anderen Seite des Hindernisses. An diesem Aufbau kann die Rolle gefahrlos geübt werden.

### 5.2.2 Überschlagbewegungen

#### Gate-move-Variante

Im Vergleich zu dem in Kap. 5.1 dargestellten *gate move* entfallen am hüfthohen Reck (Abb. 135) das

**134**

**gate move**

135

Hochspringen und die Stützphase im ersten Teil der Bewegung. Der weitere Verlauf ist jedoch ähnlich. Eine Hand bleibt am Reck, die andere greift nach unten. Die Beine schwingen an der offenen Seite (Seite der nach unten greifenden Hand) vorbei. Auf dem Reihenbild ist eine überschlagartige Variante zu sehen. Der *gate move* kann jedoch auch wie am Zaun mit einer halben Drehung zum Reck als Radwende (hohe Wende) durchgeführt werden.

Sicherheitshinweis: Die ersten Landungen können oft unerwartet hart werden. Daher ist es ratsam, eine weiche Matte unterzulegen.

### Nackenkippe über ein Hindernis

Bei dieser Bewegung hat es die Freerunning-Community bisher versäumt, einen „coolen" Namen zu etablieren. Daher verwenden wir die aus dem Turnen bekannte Bezeichnung „Nackenkippe". Die Bewegung ist vielen Schülern aus Kampfszenen in Actionfilmen bekannt, in denen ein geschlagener Akteur so aus der Rückenlage zurück in den Stand kommt (Abb. 136).

Auch dieser *move* sollte zunächst auf dem Boden geübt werden. Alternativ kann die Nackenkippe auch,

wie beim Turnen üblich, mit Hilfestellung vom längs gestellten Kasten ausgeführt werden. Viele Parkoursportler erlernen die Nackenkippe aber eigenverantwortlich auf dem Boden relativ ungefährlich, ohne dass es einer Hilfestellung bedarf. Die Ausführung der im Reihenbild zu sehenden Nackenkippe am Boden ist sicherlich technisch nicht perfekt, dafür aber selbst erarbeitet. Die Klappbewegung in den ersten vier Bildern ist nicht sehr deutlich zu sehen, dafür die Kippbewegung mit anschließender Bogenspannung in Bild 5.

Die Nackenkippe am Boden ist auch ohne den Einsatz der Hände neben dem Kopf möglich und kann von Fortgeschrittenen ausprobiert werden. Ziel sollte es sein, sicher in den Stand zu kommen, ohne dass auf eine technisch oder gar haltungsmäßig gute Ausführung besonderer Wert gelegt werden müsste (vgl. hierzu auch Kap. 2.4). Gelingt die Nackenkippe am Boden, ist es oft kein Problem, diese auch über einen Kasten auszuführen (Abb. 137). Dabei sollte jedoch zunächst Hilfestellung (Stützhilfe an der Schulter und am Rücken) geleistet werden.

Als bewegungsähnliche Variante kann ein Überschlag über eine tiefe Reckstange geturnt werden

**Nackenkippe**

136

(Abb. 138). Die Hilfestellung ist hierbei noch wichtiger, damit der Übende nicht mit dem Kopf oder dem Rücken auf die Stange fallen kann. Der Nackenkippe oder dem Überschlag über ein Hindernis kann eine Rolle oder ein Rad folgen, um zu anderen Hindernissen zu gelangen und den Flow dadurch zu erhalten.

### 5.2.3 Verbindungselemente

### Rad

Das klassische Rad kann immer als Verbindungs- oder eigenständiges Element im Freerunning verwendet werden (Abb. 139). Oft wird das Rad auch als *set-up* (Vorbereitung) für einen *sideflip* oder *frontflip* genutzt.

### Back walk-over

Diese Bewegung ist vergleichbar mit dem Bogengang, wird jedoch über eine Schulter ausgeführt (Abb. 140). Die Kinder und Jugendlichen sollten hierfür genug Kraft im Stützarm (li) haben. Als Vorübung kann zunächst etwas erhöht abgesprungen werden bzw. die Bewegung weniger über Kopf, sondern seitlich an der Senkrechten vorbei ausgeführt werden. Dadurch wird der Körperschwerpunkt weiter am Stützarm vorbei geführt. Das Absprungbein (re) ist auf der Stützhand gegenüberliegenden Seite. Das andere Bein holt Schwung. Der Blick geht über die Stützschulter auf die Stützhand und die Landung erfolgt meist einbeinig auf dem Schwungbein. Die Bewegung kann bspw. als

Rad

**140**

Verbindungselement zwischen zwei Hindernissen auf dem Boden ausgeführt werden.

Stütz man sich etwas erhöht ab, z. B. auf einem kleinen oder großen Kasten, so wird der Trick zu einer Vorübung für den im Folgenden beschriebenen *broken-arm spin*.

### 5.2.4 Spins

### Broken-arm spin

Der *broken-arm spin* (Abb. 141) oder *wall gainer* kann aus dem *back walk-over* entwickelt werden oder mit

Hilfestellung (Stützhilfe am Rücken und Drehhilfe an den Beinen) erlernt werden. Die Schwierigkeit liegt darin, sich in die ungewöhnliche Stützlage mit den Beinen über dem Kopf an der Wand zu bringen.

Zunächst sollte der *broken-arm spin* am kleinen Kasten probiert werden (Abb. 142). Wie beim *back walk-over* stützt ein Arm und der Blick geht über die Schulter direkt auf die Hand des Stützarmes. Sobald die Stützhand zu sehen ist und die Beine über den 12-Uhr-Punkt hinweg sind, fühlt sich die Bewegung sehr sicher an.

Bevor der *broken-arm spin* an einer Wand ausgeführt wird, bietet es sich an, diesen unter erleichterten Bedin-

**141**

**142**

143

gungen an einer Schräge zu üben. Hierzu kann ein schräg gestellter Weichboden oder ein Sprungbrett verwendet werden, mit deren Hilfe eine schrittweise Annäherung an die Senkrechte erfolgen kann (Abb. 143). Der *broken-arm spin* sollte nicht barfuß ausgeführt werden, da die Gefahr besteht, am Sprungbrett, der Matte oder der Wand entlang zu schleifen und sich dabei zu verbrennen.

## Wallspin

Der *wallspin* gleicht einer Kreishocke an der Wand (Abb. 144). Er wird meistens beidbeinig, kann aber auch einbeinig abgesprungen werden. Beim beidbeini-

gen Absprung fällt es oft leichter, die Beine gleichzeitig und enger anzuhocken. Der *wallspin* an der Wand ohne zusätzliche Geräteunterstützung ist relativ schwierig.

Ebenso wie der *broken-arm spin* kann jedoch auch der *wallspin* schrittweise ohne Hilfestellung erlernt werden. Daher ist dieser Trick von fast allen Kindern und Jugendlichen – in unterschiedlichen Ausprägungen bzw. an unterschiedlichen Stationen – zu realisieren. Voraussetzung sollte das Beherrschen einer Hockwende an der Bank sein.

Nach den ersten Vorübungen an einer Bank in Form von (überdrehten) Hockwenden (vgl. hierzu Kap. 6.3.1)

wallspin

144

kann der *wallspin* an einem flach an die Wand gelehnten Sprungbrett geübt werden (Abb. 145). Eine untergelegte Turnmatte verhindert das Wegrutschen des Sprungbrettes, die Standfestigkeit ist jedoch immer durch den Unterrichtenden zu prüfen. Zunächst kann mit beiden Händen auf der Matte, dann mit einer Hand auf der Matte und einer auf dem Sprungbrett gegriffen werden. Die Grundbewegung gleicht dabei anfangs einem gehockten Rad. Alternativ kann der

*wallspin* in gleicher Weise an einem schräg gestellten Weichboden oder einer Niedersprungmatte geübt werden (Abb. 146/147). Dies ist – bei wenig steiler Matte – gerade für ängstlichere Kinder und Jugendliche zu empfehlen, da keine Gefahr besteht, an einer harten Kante (Sprungbrett) hängen zu bleiben.

Gelingt der *wallspin* in dieser Variante, kann die Schwierigkeit auf zweierlei Weise gesteigert werden (Abb. 148):

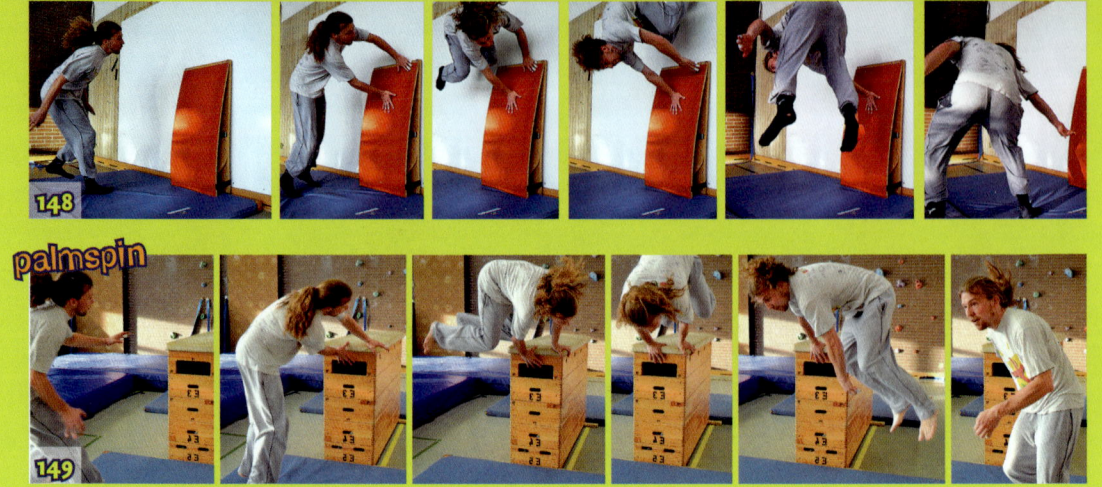

148

palmspin

149

- Die Griffhöhe am Brett oder an der Matte wird erhöht.
- Das Sprungbrett bzw. die Matte wird senkrechter zum Boden, näher an die Wand gerückt.

Häufig entscheidet mehr der Kopf als die motorische Kompetenz, ob man die nächste Schwierigkeitsstufe wagt oder nicht. Werden die Schüler unsicher und erfolgt die Landung nicht mehr auf den Füßen, reicht es oft bereits aus, das Brett oder die Matte nur etwas weniger steil zu stellen. Auch beim *wallspin* ist es wegen der Gefahr von „Mattenbrand" nicht zu empfehlen, barfuß zu trainieren.

Für Fortgeschrittene, die den *wallspin* frei an der Wand beherrschen, ist es eine Herausforderung, diesen *move* in beide Richtungen zu können und mehrere *spins* ohne Unterbrechung aneinander zu reihen.

## Palmspin
Der *wallspin* mit Stütz auf einem großen Kasten (Abb. 149), outdoor auf einem Geländer (Abb. 150) oder auf einer Mauer, wird als *palmspin* bezeichnet, da auf den Handflächen (*palm* engl. Handfläche) gestützt wird. Der *palmspin* ist bedeutend leichter als der Wall-

spin (an der Wand), da man nicht durch die Senkrechte muss und von oben – damit sicherer – gestützt wird.

## Underbar spin
Bewegungsähnlichkeit zur Kreishocke bzw. zum *wall-* und *palmspin* hat auch der *underbar spin* (Abb. 151). Bei diesem *move,* der indoor bspw. am Barren oder am Doppelreck ausgeführt werden kann, dreht man – wie bei den genannten Bewegungen – in gehockter Position um den Stützarm, jedoch durch die Lücke. Die obere Hand trägt dabei kaum Last und dient lediglich der Stabilisierung. Der Absprung kann wie beim *wall-* und *palmspin* ein- oder beidbeinig erfolgen. Zur Differenzierung kann sowohl die Höhe der Stangen als auch deren Abstand variiert werden.

Eine besondere Herausforderung ist es außerdem, den *underbar spin* noch eine halbe Drehung weiter zu drehen und auf der anderen Seite „auszusteigen". Dafür braucht man jedoch etwas mehr Schwung. Um zu vermeiden, dass sich auf die untere Stange fallende oder hängenbleibende Schüler verletzen, kann diese mit Rohrisolierung aus Schaumstoff oder einer alten weichen Turnmatte abgepolstert werden (Abb. 152).

150

underbar spin

151

## 5.2.5 Weitere einfache Freerunning-Bewegungen

### Slide

Draußen auf glatten Flächen und in der Halle fast überall möglich ist der *slide* (Abb. 153). Ursprünglich dazu gedacht, unter
niedrigen Hindernissen hindurch zu rutschen, kann der *slide*
aber auch über Kästen oder glatte, feste Weichböden ausgeführt werden. Dafür sollten lange Hosen getragen werden,
um mögliche Verbrennungen der Haut zu vermeiden. Da die
Ausgestaltung des *slide* sehr unterschiedlich ist, wird er nicht
weiter beschrieben.

152

### Tic Tac-Variationen

Verschiedene Drehungen um die Längsachse können den *tic tac*, eigentlich
eine Parkour-Grundbewegung (vgl.
Kap. 5.1.2), zu einer Freerunning-Bewe-
gung transformieren. So kann bspw.
nach dem Wandkontakt eine halbe oder
sogar ganze Drehung zur Herausforderung für die Schüler werden (Abb. 154).
Es sollte jedoch darauf geachtet werden, dass sich die Schüler langsam an
die Drehungen gewöhnen und das Hindernis Landungen auf den Knien ohne
Verletzungen zulässt.

slide
153

tic tac
154

155

Ein *tic tac* auf ein Hindernis kann kreativ mit Abgängen *vom* oder Rollen *auf* dem Hindernis verbunden werden. Abbildung 155 zeigt z. B. einen *tic tac* mit einer anschließenden Rolle rückwärts und einem *reverse* als Abgang.

## 5.2.6 Flips – Fortgeschrittene Freerunning-Bewegungen

Es gibt viele weitere akrobatische Freerunning-Elemente, die zum Teil professionellen Freerunnern oder Turnern vorbehalten sind, da sie hohe Anforderungen an die Körperbeherrschung und physische Belastbarkeit der Athleten stellen, insbesondere dann, wenn diese outdoor durchgeführt werden. Die im Folgenden beschriebenen *flips* sollten aufgrund der Verletzungsgefahr zunächst mit Hilfestellung durchgeführt werden. Viele weitere Elemente (z. B. Doppelsalti, Schrauben) können nur schlecht durch Personenhilfe gesichert werden, weshalb sie in professionellem Umfeld (Schnitzelgrube, Longe, etc.) geübt werden sollten. In diesem Buch werden daher nur Salti-Varianten dargestellt, die sich auch im Kontext Schule in Rahmen von AGs oder teilweise auch im Sportunterricht durch-

führen lassen. Eine kompetente Hilfestellung ist dabei jedoch unerlässlich.

### Wallflip

Zum Klassiker der spektakulären Freerunning-Elemente ist der *wallflip* geworden. Mit dem *wallflip* ist meist ein *backflip* (Salto rückwärts) gemeint, der mit Anlauf und einem (*one-step*; Abb. 156) oder zwei Schritten (*two-step;* Abb. 157), selten mit mehr Schritten, an der Wand abgesprungen wird. Beim kräftigen Absprung nach oben muss darauf geachtet werden, dass der Oberkörper nicht nach vorne abgeduckt wird, da diese Bewegung der Saltorotation um die Körperbreitenachse entgegen gerichtet ist und sie dadurch behindert. Die Arme können zur Hilfe schwungvoll mitgeführt werden (Bild 2 der Abb. 158). Durch den frühzeitig möglichen Blickkontakt zum Boden können *backflips* leichter kontrolliert gelandet werden als *frontflips*.

Während viele der zuvor in diesem Kapitel beschriebenen *moves* ohne Personenhilfe gelernt werden können, ist dies beim *wallflip* kaum möglich. Zwar können erste Salto-Erfahrungen bspw. mit Hilfe eines Barrens gemacht werden (Abb. 159). Im weiteren Lernprozess wird allerdings eine Personenhilfe notwendig. Eine Variante, um nahezu allen Kindern und Jugendlichen,

wallflip

156

157

unabhängig von ihrer Vorerfahrung und ihrem motorischen Leistungsstand, das Springen eines Wallflips zu ermöglichen, ist in Abb. 160 dargestellt. Gegenüber dem Klammergriff am Oberarm, der ebenfalls sehr gut geeignet ist, bietet diese Einstiegs-Hilfestellung den Vorteil, dass sich die Übenden sehr sicher fühlen, da sie sich selbst bei den helfenden Personen aufstützen und festhalten können. Zudem erlaubt sie den Jugendlichen, sofern sie entsprechend eingewiesen wurden, eine gegenseitige Hilfestellung, die eine höhere Übungsintensität im Vergleich zu Hilfestellungen ermöglicht, die der Unterrichtende selbst geben muss. Da diese Variante des Helfens den Springenden in seinen Bewegungen jedoch relativ stark einschränkt, müssen nachfolgend andere Griffe eingesetzt werden, wenn eine Leistungsverbesserung erfolgen soll. Bewährt hat sich hierfür der Textilgriff am oberen Rücken mit einer Rotationsunterstützung durch die zweite Hand am unteren Rücken (vgl. Abb. 161). Letztere wird häufig auch am Oberschenkel gegeben. Die

158

159

160

mit einer Hand erfolgen (Abb. 162) oder sich auf eine Sicherheitsstellung beschränken.

Die Beschaffenheit der Wand hat großen Einfluss auf die Schwierigkeit: Je griffiger die Wand, desto geringer die Gefahr des Abrutschens und desto leichter kann der *wallflip* gesprungen werden. In der Halle eignen sich Teppichwände besonders gut. Da diese jedoch selten verfügbar sind, kann alternativ bspw. eine Niedersprungmatte an die Wand gestellt werden. Durch das geringfügige Einsinken der Füße beim Abdruck wird dieser wesentlich erleichtert. Die schräge, griffige *wall* in Abb. 160 bietet optimale Voraussetzungen, um den *wallflip* zu springen. Etwas weiter von der Zielform entfernt, aber für Beginner noch leichter, da der Abdruck nach oben einfacher realisiert werden kann, ist der *wallflip* von der ca. 45° geneigten Schräge auf dem Spielplatz in Abb. 158. Allerdings stellt sich hierbei das Problem, dass der *flip* relativ weit nach hinten gesprungen werden muss, um nicht auf der Schräge zu landen. Daher sollte diese nicht noch flacher sein.

Prinzipiell können auch andere *flips* (z. B. *sideflip*, *frontflip*) als *wallflip* gesprungen werden. Wir

Entscheidung für die eine oder andere Variante muss der Helfende selbst treffen.

In der Abbildung ist zu erkennen, dass der Helfende den Freerunner bereits zu Bewegungsbeginn festhält und ihn beim Anlauf begleitet, um die Bewegung von Beginn an unterstützen zu können. Die Hilfestellung kann bei zunehmender Bewegungssicherheit abgebaut werden und nur noch bewegungsunterstützend

161

162

swing-backflip  **163**  **164**

beschränken uns jedoch beispielhaft auf die kurze Thematisierung des *palmflips* (s. u.) und die gerade beschriebenen ausführlichen Erläuterungen zum *wall-backflip*, da dieser am häufigsten gesprungen wird, sehr gut Hilfe geleistet werden kann und die anderen *wallflip*-Varianten (noch) schwerer zu realisieren sind.

## Swing-backflip (Salto-Abgang vom Reck)

Viele Freerunning-*moves* für Fortgeschrittene werden aus dem Stütz oder aus dem Schwingen an Stangen ausgeführt. Die „*bars*" haben sich quasi als eigene Disziplin im Freerunning entwickelt. Bevor der Freerunner sich am Salto-Abgang von einer Stange oder einem Ast (Abb. 163) versucht, sollte er bereits Erfahrung mit *backflips* (bspw. *wallflip*, Salto rückwärts am Trampolin) sowie dem Schwingen am Reck oder anderen Stangen bzw. Ästen gesammelt haben. Dennoch ist die Erfahrung bei der Rückwärtsrotation nach vorne zu fliegen häufig zunächst sehr ungewohnt.

Die Hilfestellung entspricht der zuvor beschriebenen beim *wallflip*: Der Helfer greift so früh wie möglich mit Textilgriff an Schulter oder dem oberen Rücken. Mit der zweiten Hand unterstützt er die Rotation am unteren Rücken bzw. ggf. am Oberschenkel (Abb. 164). Der *backflip* kann entweder aus dem Springen an die Stange/den Ast oder nach mehrmaligem Schwingen

ausgeführt werden, wobei das Anzählen der Schwünge sicherstellt, dass Freerunner und Helfer wissen, wann der Salto erfolgt. Zudem hilft das Zählen dem Parkoursportler sich zum Loslassen zu überwinden.

Vor dem Umkehrpunkt des Schwunges lässt der Freerunner die Stange/den Ast los. Dabei sollte der Arm-Rumpf-Winkel möglichst offen bleiben, da sonst die Gefahr droht, mit den Füßen an der Stange hängen zu bleiben.

## Palmflip

Beim *palmflip* (Abb. 165) springt der Freerunner frontal zu einer Wand nach oben ab und drückt sich am höchsten Punkt mit den Handflächen (engl. *palm*) nach hinten ab, um eine *backflip*-Rotation einzuleiten. Dabei sollte ein Schließen des Arm-Rumpf-Winkels vermieden werden, da dies der Rotation entgegenwirkt. Voraussetzung für den *palmflip* ist ein guter Salto rückwärts aus dem Stand. Vorbereitend können zudem Katzensprünge mit besonders energischem Abdruck trainiert werden.

## Sideflip

Der *sideflip* ist ein beidbeinig (Abb. 166) oder einbeinig (Abb. 167) abgesprungener Salto um die Körpertiefenachse. Die Landung kann ebenfalls einbeinig oder

palmflip

**165**

166

beidbeinig erfolgen. Der Boden ist – ähnlich wie beim *backflip* – früher zu sehen als beim *frontflip*, weshalb ihn einige Parkoursportler sicherer beherrschen als den Vorwärtssalto. Andere hingegen haben größere Probleme mit der (eher ungewohnten) Rotation um die Körpertiefenachse. Ihnen fällt der *sideflip* daher schwerer als Salto-Varianten um die Körperbreitenachse.

Viele nutzen beim Absprung einen Impuls aus Armen bzw. Schultern, um mehr Höhe zu gewinnen (Absprung in Abb. 167). Danach kann der Arm (li) halbkreisförmig zum Knie geführt werden, um möglichst eng zu hocken und damit die Rotation zu beschleunigen. Der Kopf dreht voraus, um früh den Boden zu fixieren.

167

Als Vorübung für den *sideflip* ist die seitliche Rolle über ein (nicht zu hartes) Hindernis zu empfehlen, wobei der Kontakt mit dem Objekt sukzessive reduziert werden kann, bis der *flip* frei gesprungen wird. Als Hindernis bieten sich bspw. ein vier- oder fünfteiliger Turnkasten (vgl. Abb. 125 auf S. 59), ein Mattenwagen oder – sofern vorhanden – eine Pyramide aus drei Bodenläufern (Abb. 168) an.

### Webster

Der einbeinig abgesprungene Vorwärtssalto wird in der Freerunning-Szene als *Webster* bezeichnet (Abb. 169;). Wie in der Abbildung zu sehen, wird der Impuls i. d. R. durch einen Stemmschritt in Verbindung mit dem energischen Rück-Hochführen des Schwungbeines erzeugt. Das Rück-Hochführen der Arme – wie bei einem Japanersalto beim Turnen – kann den Absprung und die Rotationseinleitung unterstützen. Ansatzweise ist dieses Merkmal bei dem Parkoursportler in Abb. 170 zu erkennen. Im Gegensatz zur ersten Variante ist jedoch zu sehen, dass kein Stemmschritt gemacht wird, sondern die Rotation fast ausschließlich aus dem Durchschwingen des Beines – ähnlich wie beim Handstützüberschlag am Boden – erzeugt wird, jedoch auf Kosten der Sprunghöhe, wie der Vergleich der beiden Sportler zeigt. Die Landung erfolgt beidbeinig oder – v. a. dann, wenn ein *run* fortgesetzt werden soll – einbeinig auf dem Schwungbein.

168

Der *Webster* auf dem flachen Boden ist nur mit einem äußerst dynamischen Absprung realisierbar, weshalb er meist nur physisch gut ausgebildeten Freerunnern gelingt. Er sollte daher zunächst von einer erhöhten Ebene (bspw. Kasten wie in Abb. 170) geübt werden. Eine Vereinfachung bzw. eine methodische Heranführung gelingt auch mittels Absprungunterstützung durch ein Minitrampolin, Reuterbrett oder einen Kicker (z. B. kleiner Kasten, Mattenkeil).

Nachdem in den vorangegangen Kapiteln die theoretischen und praktischen Grundlagen für die Thematisierung von Le Parkour und Freerunning gelegt wurden, werden in diesem Kapitel mehrfach erprobte Unterrichtsreihen vorgestellt. Zunächst wird jedoch der Parkoursport in den Kontext des Erziehenden Sportunterrichts gestellt, dessen Idee Grundlage für unsere Unterrichtsplanungen ist.

## 6.1 Le Parkour & Freerunning im Erziehenden Sportunterricht

In der aktuellen fachdidaktischen Diskussion, die sich in der bewegungsfeldorientierten Lehrplangeneration seit der Jahrtausendwende (vgl. Prohl & Krick, 2006) sowie in der aktuellen kompetenzorientierten Lehrplangeneration widerspiegelt, wird mit dem *Erziehenden Sportunterricht* die pädagogische Bedeutung des Schulsports in den Blickpunkt gerückt. Der übergreifende Auftrag der Schule – qualifizieren und erziehen – konkretisiert sich für den Schulsport im *Doppelauftrag* einer Erziehung *zum* und *durch* den Sport. Der Zuwachs an Bewegungskompetenz sollte dabei in den Rahmen der Förderung allgemeinbildender Kompetenzen, wie der Kooperations- und Teamfähigkeit als zentrale soziale Kompetenzen, eingebunden sein (vgl. Prohl, 2004). Im hessischen Kerncurriculum für das Fach Sport werden bspw. neben der *Bewegungskompetenz*, die *Urteils- und Entscheidungskompetenz* sowie die *Teamkompetenz* als fachliche Kompetenzen formuliert (HKM, 2011, S. 12f.). Ziele des Faches Sport werden demzufolge mit allgemein erzieherischen verknüpft, denn fachliches Lernen allein genügt den Ansprüchen einer hoch komplexen Gesellschaft an ihre Bildungseinrichtungen nicht mehr (vgl. auch Aschebrock, 2001, S. 140). In diesem Zusammenhang haben sich auch die Unterrichtsinhalte verändert. Mit der bewegungsfeldorientierten Lehrplangeneration wurde das Inhaltsspektrum geöffnet und an die bestehende Sport-, Spiel- und Bewegungskultur angepasst. Die Bewegungsfelder „greifen neben den traditionellen Sportarten in ihrer schulischen Ausformung Trends in der Bewegungskultur von Kindern und Jugendlichen auf" (HKM, 2011, S. 16) „... und bieten damit Ansatzpunkte für die Entwicklung neuer Inhalte für den schulischen Sportunterricht" (HKM, 2010, S. 9). Neue Bewegungsformen wie bspw. Parkour und Freerunning sind damit legitimer Gegenstand eines zeitgemäßen, Erziehenden Sportunterrichts.

Eine eindeutige Zuordnung des Parkoursports zu einem Bewegungsfeld ist u. E. nicht möglich – und auch gar nicht notwendig. Die größten Gemeinsamkeiten hinsichtlich der Bewegungsformen sind sicherlich mit dem Bewegungsfeld *Bewegen an Geräten* festzustellen, v. a. was das Freerunning betrifft. Allerdings sind das Laufen und Springen als bedeutende Bewegungstätigkeiten von Le Parkour auch genuine Bestandteile leichtathletischen Sich-Bewegens, weshalb auch die Nähe zum Bewegungsfeld *Laufen, Springen, Werfen* unübersehbar ist, wenngleich das Werfen im Parkoursport nicht zu finden ist.

Ein sich am Außenkriterium Kerncurriculum bzw. Lehrplan orientierender „guter Parkoursport-Unterricht" hat demzufolge beide Seiten des Doppelauftrages zu verfolgen und zielt also neben der Förderung der Bewegungskompetenz auch auf die Erweiterung sozialer und personaler Kompetenzen. Die beiden Seiten des Doppelauftrages sind nicht als getrennt zu verfolgende pädagogische Zielsetzungen zu verstehen, sondern der Erwerb neuer Bewegungskompetenzen ist derart zu initiieren, dass *dabei* Schlüsselkompetenzen allgemeiner Bildung gefordert und damit potenziell gefördert werden.

Damit rückt die Unterrichtsgestaltung in den Blickpunkt: Der Unterricht sollte so angelegt sein, dass die Schüler immer wieder – im Rahmen des schulorganisatorisch und schulrechtlich Möglichen – in Planungs- und Entscheidungsprozesse einbezogen werden sowie ihren Bewegungslernprozess mitgestalten. Das Arbeiten und gemeinsame Üben in Kleingruppen schaffen die Notwendigkeit, sich mit Anderen auseinanderzusetzen. Soziale Kompetenzen wie bspw. die Teamfähigkeit sollen sowohl durch den didaktischen Unterrichtsgegenstand als auch durch das methodische Unterrichtsarrangement in den Fokus gerückt werden. Der Parkoursport ist demzufolge nicht ausschließlich individualistisch anzulegen, indem die Schüler alleine für sich neue Bewegungen üben und bspw. in einem *run* anwenden. Vielmehr gilt es darüber hinaus auch Situationen zu schaffen, in denen die Schüler gefordert sind, zusammen zu arbeiten und ihre Bewegungen auf diejenigen der anderen abzustimmen, wie z. B. bei einem Gruppen-*run* (vgl. Kapitel 6.2).

Beide Seiten des Doppelauftrages sollten indes nicht nur Zielperspektive des Unterrichts sein, sondern auch reflektiert werden, indem sowohl das (eigene) Bewegen als auch Gruppenprozesse zum Gegenstand von Unterrichtsgesprächen gemacht werden. Der pädagogische Sinn von Reflexionen liegt darin, die Inhalte und Prozesse bewusst zu machen, sich über das Miteinander in der Bewegungsbeziehung und im Erarbeitungsprozess zu verständigen und ggf. Ableitungen für das Vorgehen in den folgenden Stunden zu treffen. Darüber hinaus sind Reflexionen zentrale Verknüpfungsmomente von Wissen und Können und damit grundlegender Bestandteil eines kompetenzorientierten Unterrichts.

## 6.2 Vorbemerkungen zu den Unterrichtsreihen

Die folgenden drei Unterrichtsreihen skizzieren, wie Parkour und Freerunning im Rahmen eines Erziehenden Sportunterrichts thematisiert werden können. Wir begründen vor der in 6.1 skizzierten Folie eines erziehenden Parkour-Sportunterrichts unsere allgemeinen didaktischen Entscheidungen zur Schülerbewertung, die im Rahmen der Unterrichtsreihen jeweils spezifiziert werden. Zudem werden einige wiederkehrende Inhalte und unterrichtsorganisatorische Aspekte vorab benannt, um Wiederholungen bei der Darstellung der Unterrichtsreihen zu vermeiden.

### 6.2.1 Was ist Le Parkour? – Der Unterrichtseinstieg

Die vorgestellten Unterrichtsreihen beginnen informierend. Es gilt die Frage zu beantworten: Wir machen Le Parkour – was ist das? Es ist naheliegend, eines der vielen YouTube-Videos sprechen zu lassen. Bei der Auswahl eines geeigneten Videos sind allerdings einige wichtige pädagogische Entscheidungen zu treffen. Ist das Video[13] gekennzeichnet durch gefährliche Stunts, z. B. hohe *drops*, exponierte *flips* etc. so liegen Motivation und Demotivation eventuell nahe beieinander. Motivierend ist u. E. ein moderates Parkourvideo[14], das den Schülern nicht völlig unrealistisch erscheint, wenngleich viele Bewegungen auch bei nicht so spektakulären Parkourvideos von vielen Schülern nicht realisierbar sind. Es stellt sich außerdem die Frage, wie hoch der Anteil an Freerunning-*moves* im gewählten Video sein sollte. Diese Entscheidung ist in Zusammenhang mit den Inhalten der Unterrichtsreihe zu treffen. Beschränken sich diese auf Le Parkour oder sind auch *moves* aus dem Freerunning Gegenstand des Unterrichts? „Parkour Paris – Original Tracer"[15] ist ein Video, das bewusst Parkour im eigentlichen Sinne inszeniert, d. h. auf Freerunning-*moves* verzichtet.

Das Video sollte außerdem nicht unkommentiert bleiben. Antworten auf die folgenden Fragen können in Form eines Lehrer- oder Schülerreferats oder als kurzer Text informierend dargeboten werden: Warum machen die Personen das? Welche Philosophie steckt dahinter? Wie ist Parkour entstanden und wer gilt als Begründer dieser Bewegungskunst?

---

[13] z. B. http://youtu.be/cNvJy0zoXOY (Damien Walters show reel 2010)
[14] z. B. http://youtu.be/JUp2b0NHQbQ (Adrenaline)
[15] http://youtu.be/H9VR2kBlmZQ (Parkour Paris – Original Tracers)

### 6.2.2 Ab- und Aufbau

Parkoursport-Unterricht ist häufig mit einem relativ großen Auf- und Abbauaufwand verbunden. Sofern die Unterrichtsreihe mit mehreren Klassen durchgeführt wird, bietet es sich an, den Auf- und Abbau als Klassenwettkampf zu inszenieren: Es wird eine Tabelle erstellt, in der die Auf-/Abbauzeiten für jede Doppelstunde eingetragen werden. Dies fördert die Motivation der Schüler und damit die Schnelligkeit des Auf-/Abbaus beträchtlich. In Einzelstunden bietet es sich an, mit den Klassen, die vor oder danach in die Turnhalle kommen, Absprachen bezüglich Auf- und Abbauten zu treffen.

### 6.2.3 Beurteilung und Notengebung

Eine Besonderheit an Parkour im schulischen Sportunterricht ist, dass die Leistung der Traceure in Form von Schulnoten bewertet wird. Der Stellenwert und die Art und Weise der Notengebung wird maßgeblich von der unterrichtenden Lehrkraft geprägt und trägt bedeutend zum Lernklima in der Klasse bei.

Eine Bewertung sollte immer transparent und kriterien geleitet erfolgen, sodass die Schüler wissen, wie sie sich auf die Überprüfung vorbereiten können und auch die Lehrkraft Anhaltspunkte für eine objektive und valide Bewertung hat. Der Erziehende Sportunterricht verlangt neben der Vermittlung von Bewegungskompetenzen die Förderung weiterer Kompetenzen wie bspw. der *Urteils- und Entscheidungskompetenz* (vgl. bspw. HKM, 2011, S. 12f.). Um diese Kompetenz anzusteuern, ist es naheliegend, die Entwicklung der Bewertungskriterien mit in die Hände der Schüler zu legen. Dafür sind Kompetenzen im Beurteilen von Bewegungen und Choreografien sowie in der Entscheidung und Festlegung von Bewertungskriterien gefordert. Die Schüler sind damit selbst an einem wichtigen Teil des Sportunterrichts – der Benotung – aktiv beteiligt.

Darüber hinaus ist die Entwicklung von Bewertungskriterien im Unterricht gerade bei Parkour und Freerunning sinnvoll. Diese nicht-normierten Bewegungskünste werden nicht wettkampfmäßig betrieben. Daher gibt es – im Gegensatz zum Geräteturnen bspw. – keine festgeschriebenen Bewertungskriterien aus dem außerschulischen Bereich, die zur Notengebung herangezogen werden könnten.

Es bietet sich folgende Abfolge an:

1. Benennung von Bewertungskriterien durch die Lehrkraft oder Entwicklung von Kriterien durch die Schüler
2. Ausprobieren der Bewertungskriterien im Rahmen von Schüler-Schüler-Beobachtungen
3. Reflexion der Kriterien und Überprüfung auf Praktikabilität
4. Auswahl und Festlegen der finalen Bewertungskriterien
5. Anwendung und Beteiligung der Schüler an der Bewertung

Im Zuge der Durchführung unserer Unterrichtsreihen wurden von verschiedenen Schülergruppen immer wieder ähnliche Kriterien entwickelt, sodass sich folgende praktikable Kriterien für die Bewertung von Individualleistungen herauskristallisiert haben:

- Sicherheit der Bewegung
- Flüssigkeit bzw. Effizienz der Bewegung
- Schwierigkeit der Bewegung

Im Wissen um die Praktikabilität dieser Kriterien hat die Lehrkraft natürlich die Option, bei der Kriterienentwicklung lenkend einzuwirken.

Im Rahmen der Reflexion der Bewertungskriterien hat sich z. B. die *Originalität* bzw. *Kreativität* von Bewegungen oder Choreografieelementen nicht als praktikabel erwiesen, da eine objektive Bewertung dieses Kriteriums (von den Schülern) als sehr schwierig erachtet wird. In Ergänzung zu individuellen Bewegungsleistungen werden in den dargestellten Unterrichtsreihen immer auch Gruppenleistungen in Form von gestalteten *runs* in Paaren oder Kleingruppen gefordert.

Etabliert haben sich hier zusätzlich die Kriterien:

- Beteiligung aller und Bewegungsbezug innerhalb der Gruppe (Abstimmen der eigenen Bewegung auf diejenigen der Anderen)
- Gestaltung bzw. Vorhandensein eines gemeinsamen Präsentationsanfangs- und -endes.

Sofern die Gruppe einheitlich bewertet wird, bietet es sich an, die Schwierigkeit nicht mit als Bewertungskriterium für diese Gruppenleistung heranzuziehen. Dies verhindert Missstimmung in der Gruppe bzw. Druck auf motorisch nicht so starke Schüler, die ggf. für eine schlechte Note verantwortlich gemacht werden könnten.

Mit den Schülern sollte zu Beginn der Unterrichtsreihe besprochen werden, ob bzw. inwiefern Schülerbewertungen in die Note für die Gruppenpräsentation und den *run* einfließen[16]. Um eine objektivere und validere Beurteilung der Einzel- und v. a. der Gruppenleistung zu gewährleisten, als dies mittels einer Ad-hoc-Bewertung vor Ort möglich ist, können die *runs* und Präsentationen – das Einverständnis der Schüler und Eltern vorausgesetzt – gefilmt und im Anschluss auf dieser Grundlage beurteilt werden.

## 6.3 Unterrichtsreihe Parkour 1: Mit jumps, vaults und underbar (spins) zum Einzel-run

**Autoren**: Dr. Florian Krick unter Mitarbeit von Daniela Fritsch und Florian Heidenreich

### Hinweise zur Unterrichtsreihe

– Die Unterrichtsreihe wurde erstmals im Frühjahr 2009 an der Schule am Ried (Frankfurt am Main) von den Autoren in drei Gymnasialklassen der Jahrgangsstufe 7 und einer Realschulklasse der Jahrgangsstufe 7 durchgeführt.
– Die kompletten Materialien zur Unterrichtsreihe inklusiver aller Arbeitsblätter sind digital beim Autor erhältlich.

### Methodisch-didaktische Vorbemerkungen

Ziel dieser fünf Doppelstunden umfassenden Unterrichtsreihe ist die Erarbeitung grundlegender Parkourtechniken (Katze, *lazy, dash, reverse*, Rolle, *underbar*/Durchbruch) und die abschließende Anwendung in einem Einzel-*run*. Diese Unterrichtsreihe ist eher technikorientiert. Die Einführung erfolgt weitgehend lehrerzentriert, das weitere Üben in Stationsarbeit auf Grundlage von Arbeitsaufträgen mit Reihenbildern, Videos und Selbst-/Fremdbeobachtungs-/Einschätzungsbögen. Der Schwerpunkt der Unterrichtsreihe liegt auf der individuellen Erarbeitung der Parkourtechniken. Gleichwohl gibt es immer wieder Gruppenaufgaben an den einzelnen Stationen, bei denen die eigene Bewegung auf diejenigen der Mitschüler abgestimmt werden muss.

Tabelle 1 zeigt den Verlauf der Unterrichtsreihe im Überblick.

**Tabellarischer Überblick über die Unterrichtsreihe**

| UE | Inhalt |
| --- | --- |
| 1. Do-Std. | *vaults & jumps* |
| 2. Do-Std. | *vaults* & Rolle |
| 3. Do-Std. | *underbar*/Durchbruch |
| 4. Do-Std. | *underbar*/Durchbruch & Kriterien für den *run* |
| 5. Do-Std. | Überprüfung *run* und Präsentation Gruppen-*run* |

Tab. 1: Übersicht über den Verlauf der Unterrichtsreihe (Do = Doppelstunde)

### 6.3.1 Doppelstunde 1: vaults & jumps

• **Überblick über die Unterrichtsreihe, Theoriephase**
Die Schüler werden über den groben Verlauf und das Ziel der Unterrichtsreihe informiert: Erarbeitung von Parkourtechniken; abschließende Überprüfung in Form eines *runs* mit unterschiedlichen Schwierigkeitsstufen. Zunächst werden Informationen zu Le Parkour gesammelt und auf einer Flipchart festgehalten. Thematisiert wird, was unter Le Parkour zu verstehen ist, wie die Bewegungskunst entstanden ist und in welcher Form Parkoursport aktuell betrieben wird und vorkommt. Die Sprünge, die in dieser Unterrichtsreihe erarbeitet werden sollen (Katze, *lazy, reverse, dash*), und ein kurzer Parkourclip werden mittels Laptop und Beamer gezeigt.

• **Gruppeneinteilung und Aufbau**
Die Klasse wird in vier Gruppen geteilt und baut die Stationen (s. u.) anhand von Stationskarten auf.

• **Stationsarbeit: *vaults* (lehrerzentriert) sowie Sprung-Stationen *triple jump* & *crane* und *high jump***
→ Wechsel nach der Hälfte der Zeit
→ Vorher Wechsel der beiden Sprungstationen-Gruppen

### Sprungstation 1 *triple jump* & *crane*

An der Station *triple jump* (Arbeitsmaterial 1) sollen die Schüler über die Sprungbretter laufen bzw. springen und dabei unterschiedliche Möglichkeiten ausprobieren, die auf einem Arbeitsblatt notiert

---

[16] Die Auswertung eigener Untersuchungen des Autors zur Schülerbewertung im Sportunterricht zeigt, dass diese – bei entsprechender Vorbereitung – durchaus in der Lage sind, Leistungen anderer Schüler treffend einzuschätzen (vgl. ausf. Krick, 2008 sowie Krick und Krick, 2012).

# Triple Jump

- Lauft/springt über die Sprungbretter und landet auf der Matte (5 Durchgänge). Probiert dabei unterschiedliche Möglichkeiten aus!

- Notiert die unterschiedlichen Möglichkeiten auf dem Zettel!

- Lauft/springt 3x als Gruppe ganz dicht hintereinander (ohne Flugrolle/Salto)

# Crane

- Springt auf den Kasten, indem ihr mit einem Bein abspringt und mit dem anderen oben landet.

- Probiert dasselbe auch mit einbeinigem Absprung vom kleinen Kasten, den ihr vor einen der großen Kästen stellt.

- Überwindet die Kästen in der geübten Weise 3x als Gruppe ganz dicht hintereinander.

werden. Anschließend springen sie als Gruppe ganz dicht hintereinander, wobei Flugrollen und Salti aus Sicherheitsgründen nicht gestattet sind (vgl. hierzu Abschnitt 4.1.2)[17].

An der Station *crane* (Arbeitsmaterial 2) üben die Schüler diese Landung auf Grundlage der Beschreibung und Abbildung in unterschiedlichen Varianten, bevor sie schließlich die Kästen mehrfach als Gruppe überwinden.

### Sprungstation 2 *high jump*

An dieser Station (Arbeitsmaterial 3) sollen die Schüler nach Anlauf auf dem Boden einbeinig von einem kleinen Kasten abspringen und auf der Matte landen. Dabei kann das zu überspringende Hindernis (Seil, Matte) individuell in der Höhe angepasst werden. Salti und Flugrollen sind aus Sicherheitsgründen nicht gestattet.

### *Vaults*

An dieser Station (Abb. 172) werden die grundlegenden Parkour-*moves* (*reverse*, *lazy*, Katze, *dash*) lehrerzentriert mittels methodischer Übungsreihen vermittelt, wobei die Progression bei den schwierigeren Bewegungen von den Schülern – in Abstimmung mit der Lehrkraft – individuell gewählt wird. Die Reihenfolge der Thematisierung der Sprünge ist mit dem Geräteaufbau bzw. dem ansteigenden Schwierigkeitsgrad begründet.

*reverse* (Bänke und 3-teilige Kästen):
- Überquerung der Geräte in Längsrichtung mittels Hockwenden auf die Geräte (beidseitig)
- s. o., mittels Hockwenden über die Geräte
- Hockwenden über die Geräte quer
- Aus der Hockwende mit halber Drehung rückwärts (in Drehrichtung der Hockwende) zum Weiterlaufen ergibt sich der *reverse*

- Variation des Absprungs und der Landung (ein-/beidbeinig) sowie des Bewegungstempos

*Lazy* über die 3-teiligen Kästen
- Mit Sitz auf dem Kasten
- Zielbewegung
- Variation der Richtung (von links, von rechts)
- Variation des Bewegungstempos

*Katze* über 3-teilige Kästen bzw. durch Kastengasse (vgl. hierzu auch Abb. 77)
- Aufhocken auf den Kasten und Strecksprung vom Kasten
- Überhocken → Katze
- Variation des Absprungs (ein-/beidbeinig)
- Fokus auf das direkte Weiterlaufen nach der Landung
- Abstand zum Hindernis vergrößern

Sicherheitshinweise: Beim Katzensprung über den Kasten ist (zunächst) eine Hilfe- (Klammergriff am Oberarm) bzw. Sicherheitsstellung sinnvoll (vgl. hierzu auch Kap. 4.2), die je nach Lerngruppe und Vorerfahrung im Helfen ggf. auch von zuverlässigen Schülern übernommen werden kann. Bei der Katze durch die Kastengasse ist keine Hilfe- oder Sicherheitsstellung erforderlich.

*Dash* über 3-teilige Kästen bzw. durch Kastengasse
Sicherheitshinweise: Der *dash* über den Kasten sollte nur für fortgeschrittene Schüler angeboten werden. Eine Hilfestellung durch die Lehrkraft ist (zumindest anfangs) dringend zu empfehlen.

*Vault*-Kombinationen
Abschließend können die Schüler – selbstbestimmt oder nach Vorgabe der Lehrkraft – die erlernten Bewegungen in verschiedenen Kombinationen (als Gruppe hintereinander) an der Station anwenden.

[17] = Hier sind keine Salti und Flugrollen erlaubt!

# High Jump

🪑 Springt mit einem Fuß vom Kasten ab und landet auf der Matte!

🪑 Zuerst auf die gelbe Matte, dann mit „Hindernis"!

  **Achtung**

*Salti und Flugrollen sind verboten*

Material: 4 Kästen (3- und 4-teilig); 1 Bodenläufer; 3 kleine Kästen; 1 Bank

- **Reflexion: Meinungsbarometer & Blitzlicht**

Zum Stundenabschluss wird im Sitzkreis zunächst ein Meinungsbarometer zur Bewegungsintensität und zur Gruppenarbeit durchgeführt. Dabei sollen die Schüler Stellung zu den u. g. Aussagen nehmen, indem sie ihre Zustimmung, Ablehnung oder eingeschränkte Zustimmung durch den nach oben, unten oder schräg gehaltenen Daumen kenntlich machen.

- Ich habe mich an den Sprungstationen, an denen wir in Gruppen geübt haben, viel bewegt.
- Beim *triple jump*, bei dem wir als Gruppe ganz dicht hintereinander laufen/springen sollten, haben alle aus der Gruppe mitgemacht.

Die Lehrkraft kann – sofern angebracht – den Grund für die jeweilige Stellungnahme erfragen.

Abschließend wird ein Blitzlicht durchgeführt, bei dem sich jeder Schüler in einem Wort oder einem (kurzen) Satz zur aktuellen Unterrichtsstunde äußert.

- **Abbau**

### 6.3.2 Doppelstunde 2: vaults & Rolle

- **Aufbau:** anhand von Aufbauplänen

- **Aufwärmen**

- **Stationsbetrieb *vaults* & Rolle**

#### Station *vaults* (Abb. 173)

Die Schüler schauen sich auf einem Laptop zunächst die in der Vorwoche geübten Sprünge an (*reverse, lazy, Katze, dash*). Diese sind inkl. der Vorübungen und Varianten zu einem kurzen Clip zusammengeschnitten. Anschließend üben sie die Sprünge und füllen dabei partnerweise einen Bogen aus, auf dem eingeschätzt wird, wie gut welche Sprünge bereits gelingen (Arbeitsmaterial 4). Dabei kann für jeden Sprung an jeder Aufbauvariante der Station mittels Symbolen kenntlich gemacht werden, ob der Sprung

- versucht, aber nicht geschafft wurde
- schon einigermaßen klappt
- gut klappt.

Der Bogen wird in den Folgewochen ergänzt.

Sicherheitshinweis: Der *dash* und die Katze sollten zunächst nur durch die Gasse geturnt werden, da dies ungefährlich ist. Die Schüler sollten dazu angehalten werden, die Lehrkraft hinzuzuholen, wenn sie die Katze oder den *dash* über den drei- oder vierteiligen Kasten springen möchten. Je nach Kompetenz der Schüler kann die Lehrkraft die alleinige Realisierung oder das Springen mit Schülerhilfe gestatten.

#### Station Rolle (Abb. 174)

An dieser Station wird die Rolle in unterschiedlichen Varianten geübt:

- Zu beiden Seiten
- Anlauf, Sprung, Landung, Rolle
- Anlauf, einbeiniger Absprung von einem kleinen Kasten, Landung, Rolle
- Partnerweise oder in Kleingruppen synchron nebeneinander
- Partnerweise oder in Kleingruppen schnell hintereinander
- ...

- *Run*

Ab dieser Doppelstunde werden am Ende jeder Unterrichtseinheit mehrere *runs* durchgeführt, bei denen die Schüler zur Vorbereitung des bewerteten Einzelparkourdurchlaufs in der letzten Doppelstunde einzeln die Hindernisse der jeweiligen Doppelstunde überwinden. Da

# (Partner-)Einschätzungsbogen Vaults

Beobachter: _____    Traceur: _____

| | Bank | zwischen 4&3-teiligen Kästen | zwischen 3-teiligen Kästen | zwischen 4-teiligen Kästen | über 3-teiligen Kasten | über 4-teiligen Kasten |
|---|---|---|---|---|---|---|
| reverse-vault | | | XXXXXXXX | XXXXXXXX | | |
| lazy-vault | | | XXXXXXXX | XXXXXXXX | | |
| monkey-vault | | XXXXXXXX | | | | |
| dash-vault | | XXXXXXXX | | | | |

◯ = Übung versucht, klappt aber noch nicht.    ⬡ = Übung klappt einigermaßen.    ⊠ = Übung klappt gut.

---

jeder Schüler selbst bestimmt, welche Form der Hindernisüberwindung er einsetzen möchte, eröffnet dies die Möglichkeit, die individuell erlernten Techniken in Bewegungsverbindungen anzuwenden und zu erproben.

Für die zweite Doppelstunde gilt als Vorgabe: Jeder Schüler führt mindestens drei *runs* durch und zeigt dabei drei Überquerungen der vault-Station sowie mindestens drei Rollen. Wer möchte, kann am Ende der Klasse einen *run* präsentieren.

● **Mini-Gruppen-*run* als Reserve**

Sollte noch Zeit verbleiben, können 3er- bis 6er-Gruppen in ca. 3–5 Minuten einen Mini-Gruppen-*run* einstudieren, bei dem die Schüler als Gruppe die Hindernisse überwinden. Dieser *run* wird von freiwilligen Gruppen präsentiert.

● **Reflexion**

Zum Abschluss der Stunde wird ein Meinungsbarometer (siehe 1. Doppelstunde) zu folgenden Aussagen durchgeführt:
– Wir haben uns gegenseitig geholfen.
– Ich habe mich angestrengt.
– Ich habe viel dazu gelernt.

● **Abbau**

### 6.3.3 Doppelstunde 3: underbar/Durchbruch

● **Aufbau:** anhand von Aufbauplänen

● **Aufwärmen**

● **Stationsbetrieb an 3 Stationen**

**Station underbar/Durchbruch** (Arbeitsmaterial 5)
Die Schüler schauen sich zunächst ein Video an, auf dem unterschiedliche Varianten des Durchbruch von leicht nach schwer zusammengeschnitten sind, die an der Station durchgeführt werden können. Die Schüler üben die unterschiedlichen Bewegungen und verwenden dabei auch die bereit gelegten Materialien (Pezziball, Seil, Matte) als Hindernis. Nach der Landung kann eine Rolle angeschlossen werden. Sie füllen während bzw. nach der Arbeitsphase partnerweise einen Bogen aus, auf dem eingeschätzt wird, wie gut welche Durchbruch-Varianten bereits gelingen. Der Bogen ist analog zum Selbsteinschätzungsbogen der Vorwoche für die *vaults* aufgebaut (vgl. Arbeitsmaterial 4) und kann in den Folgestunden ergänzt werden.

# Underbar/Durchbruch

- Schaut euch das Video an.

- Übt die im Video zu sehenden Bewegungen.

- Verwendet dabei auch die zusätzlichen Materialien (Ball, Seil, Matte).

- Schließt nach der Landung auf den Füßen eine Rolle an.

 **Arme gerade**

## Station *vaults*

Die Schüler wiederholen und üben die Sprünge der vergangenen beiden Wochen an der Station der Vorwoche auf Grundlage von Reihenbildern zu den einzelnen *moves* (vgl. Kap. 5.1.2). Sie ergänzen den Einschätzungsbogen der Vorwoche (vgl. Arbeitsmaterial 4).

## Station Drop und Rolle (Abb. 175)

Die Schüler nutzen die unterschiedlichen Hindernisse, um auf diese hinaufzuklettern bzw. zu springen und machen *drops* hinunter, an die eine Rolle angeschlossen werden kann.

Drop & Rolle

175

Sicherheitshinweise: Die Schüler müssen immer auf den Füßen landen. Flugrollen und Salti von den Hindernissen sind verboten.

- *Run:* Siehe 2. Doppelstunde

- **Reflexion: Kriterien für den *run***

In einem Lehrer-Schüler-Gespräch werden Kriterien für den *run* erarbeitet („Woran kann man erkennen, ob ein *run* gut/besser war?"). Kriterien können bspw. sein: Flüssigkeit/Effizienz der Bewegungen, Sicherheit, Schwierigkeit der Bewegungen.

- **Abbau**

### 6.3.4 Doppelstunde 4: underbar/ Durchbruch & Probe-run

- **Aufbau:** anhand von Aufbauplänen

- **Aufwärmen**

- **Stationsbetrieb an 3 Stationen**

**Station underbar/Durchbruch**

Die Schüler wiederholen und üben die Durchbruch-Varianten der Vorwoche:
- Durchbruch aus dem Stand oder aus dem Anlauf
- Durchbruch flach oder hoch ausgeführt
- Durchbruch mit einer oder mit zwei Stangen
- Durchbruch mit oder ohne anschließender Rolle
- Durchbruch mit oder ohne Hindernis (Pezziball, Seil, Matte)

Grundlage ist ein „underbar-reminder" (Arbeitsmaterial 6) auf dem die unterschiedlichen Varianten abgebildet sind. Sie ergänzen den Einschätzungsbogen der Vorwoche.

**Station *vaults***

Die Schüler üben an der von den Vorwochen bekannten Station und ergänzen den Einschätzungsbogen (vgl. Arbeitsmaterial 4).

**Station *drop* und Rolle**

Die Schüler üben an der von der Vorwoche bekannten Station.

- ***Run* mit Partnerbeobachtung**

Stationen: *underbar*/ Durchbruch, *vaults*, *drop* & Rolle
   Mit den Schülern werden die Kriterien für den *run* besprochen (Sicherheit, Flüssigkeit, Schwierigkeit) und

der Partnerbeobachtungsbogen (Arbeitsmaterial 7) für den Probe-*run* in der heutigen Doppelstunde wird vorgestellt. Mit Hilfe des Bogens lassen sich die drei Kriterien in jeweils drei – leicht zu bestimmenden – Ausprägungen erfassen (Bsp. Sicherheit: a) Sturz; b) Alle Bewegungen gelingen ohne Sturz, sind aber teilweise unsicher; c) Alle Bewegungen gelingen ohne Sturz und auch ohne große „Wackler").

Nach einer Übungsphase beginnt die individuelle Partnerbeobachtungsphase mit Rückmeldung, wobei mehrere *runs* absolviert werden können.

Der Einsatz dieser Partnerbeobachtung dient zum einen der Vorbereitung der Überprüfung in der Folgewoche und zum anderen dazu, eine intensive Bewegungsphase zu initiieren, bei der die Schüler mehrere *runs* in möglichst guter Qualität absolvieren und dafür vom Partner eine Kriterien basierte Rückmeldung bekommen.

- **Reflexion:** Blitzlicht

Zum Stundenabschluss wird ein Blitzlicht (siehe 1. Doppelstunde) durchgeführt.

- **Abbau**

### 6.3.5 Doppelstunde 5: Überprüfung und Gruppen-run

- **Aufbau:** anhand von Aufbauplänen

- **Aufwärmen**

- **Übungsphase *run***

Stationen: *underbar*/Durchbruch, *vaults*, *drop* & Rolle
   Die Schüler bekommen die Möglichkeit, ihren *run* mehrfach zu proben.

- **Überprüfung des *runs* und Vorbereitung der Gruppenpräsentation**

Die Schüler jeweils einer Gruppe werden bewertet. Dabei startet der folgende Schüler möglichst direkt nach Beendigung des *runs* des vorherigen Schülers, um eine schnelle Bewertungsphase zu ermöglichen. Um die Beurteilung für die Lehrkraft zu erleichtern und diese objektiver zu machen, bietet es sich daher an – die Genehmigung der Eltern und Schüler vorausgesetzt – die *runs* zu filmen und später zu bewerten.

Die jeweils anderen drei Gruppen überlegen sich auf Grundlage eines Arbeitsauftrages eine mögliche Abfolge für einen (unbewerteten) Gruppen-*run* und notieren

# Variationen – Underbar/Durchbruch

Start im Stehen

Start mit Anlauf

flach ausgeführt

hoch ausgeführt

mit/ohne Rolle

mit/ohne Hindernis

# Partnerbeobachtungsbogen – „run"

Traceur 1: _____    Traceur 2: _____

| | | | |
|---|---|---|---|
| **Sicherheit** | Sturz ☐ ☐ | Alle Bewegungen gelingen ohne Sturz, sie sind aber teilweise unsicher. ☐ ☐ | Alle Bewegungen gelingen ohne Sturz und auch ohne große „Wackler". ☐ ☐ |
| **Flüssigkeit** | Zwischen den Bewegungen werden deutliche Pausen gemacht. ☐ ☐ | Die Bewegungen werden mit nur kleinen Pausen aneinandergehängt. ☐ ☐ | Die Bewegungen werden flüssig (ohne Unterbrechungen) und zügig aneinandergehängt. ☐ ☐ |
| **Schwierigkeit** | Es wurden hauptsächlich einfache Bewegungen gezeigt. ☐ ☐ | Es wurden sowohl leichte als auch schwerere Bewegungen gezeigt. ☐ ☐ | Es wurden schwierige Bewegungen ausgewählt. ☐ ☐ |
| **Sonstiges/ Bemerkungen** | | | |

diese. Der Gruppen-*run* soll sich an folgenden Kriterien orientieren:

– Gemeinsamer Anfang und gemeinsames Ende
– Sicherheit
– Flüssigkeit/Eleganz der Bewegungen
– Kreativität/Originalität

- **Probe des Gruppen-*runs***

- **Präsentation des Gruppen-*runs***

- **Reflexion**

In einem Lehrer-Schüler-Gespräch wird abschließend die gesamte Unterrichtsreihe reflektiert. Die Schüler-Rückmeldungen sind zumeist sehr positiv. Das Thema wird von den Schülern als motivierend empfunden, zumal jeder auf seinem Niveau einen motorischen Lernfortschritt verzeichnen kann. Positiv wird auch die Mischung aus lehrerzentrierten und freien Übungsphasen sowie der Einsatz der Medien (Serienbilder, Videoclips auf dem Laptop) hervorgehoben. Häufiger kommt der Wunsch, Parkour auch draußen durchzuführen (vgl. hierzu Kap. 7.1).

- **Abbau**

# 6.4 Unterrichtsreihe Parkour 2: Kooperativ zur Bewegungsabfolge in der Gruppe und zum Einzel-run

**Autor**: Dr. Florian Krick

## Hinweise zur Unterrichtsreihe

– Die Unterrichtsreihe wurde erstmals im Herbst 2007 an der Schule am Ried (Frankfurt am Main) vom Autor in der Jahrgangsstufe 11 durchgeführt.
– Seitdem wurde sie vielfach ab der Jahrgangsstufe 9 aufwärts vom Autor und weiteren Sportkollegen umgesetzt.
– Die kompletten Materialien zur Unterrichtsreihe inklusiver aller Arbeitsblätter sind digital beim Autor erhältlich.

## Methodisch-didaktische Vorbemerkungen

Ziel der Unterrichtsreihe ist die Präsentation einer eigenständig erarbeiteten Parkourabfolge in der Gruppe (*Gruppenpräsentation*) sowie die Durchführung eines *Einzelparkourdurchlaufs* (*run*). Die Schüler erarbeiten zunächst eigenständig in Gruppen Techniken der Hin-

dernisüberwindung, bevor gemeinsam Kriterien entwickelt werden, nach denen sie mit den erarbeiteten Bewegungen Präsentationen gestalten und diese bewerteten. In den Übungsphasen sowie während der Präsentationen und *runs* wird Musik abgespielt, die von Schülern mitgebracht werden kann.

Die Verbesserung der Parkoursport-spezifischen Bewegungskompetenz soll in den Rahmen der Förderung allgemeinbildender Kompetenzen eingebunden werden, um dem in aktuellen Sportcurricula formulierten *Doppelauftrag* eines *Erziehenden Sportunterrichts* gerecht zu werden. Das Kooperative Lernen (für den Sportunterricht vgl. Bähr, 2005) bietet eine Möglichkeit, den Doppelauftrag praktisch umzusetzen. Daher folgt die Unterrichtsreihe der kooperativen Methode *Gruppenpuzzle*, bei der die Schüler sich zunächst in Kleingruppen „Expertenwissen bzw. -können" aneignen. Danach werden die Schüler derart neu aufgeteilt, dass sich in jeder sog. „Stammgruppe" Experten für jede Station wiederfinden.

Tabelle 2 zeigt den Verlauf der Unterrichtsreihe im Überblick.

**Tabellarischer Überblick über die Unterrichtsreihe**

| UE | Inhalt |
|---|---|
| 1. Do-Std. | – Einführung<br>– Gruppenpuzzle Technikerwerb: Expertengruppen |
| 2. Do-Std. | – Gruppenpuzzle Technikerwerb: Stammgruppen<br>– Einzelparkourdurchlauf |
| 3. Do-Std. | – Gruppenpuzzle Technikerwerb: Stammgruppen<br>– Einzelparkourdurchlauf |
| 4. Do-Std. | – Gruppenpuzzle Technikerwerb: Stammgruppen<br>– Erarbeitung und Präsentation einer ersten Parkourabfolge in der Gruppe<br>– Erarbeitung von Bewertungskriterien<br>– Einzelparkourdurchlauf |
| 5. Do-Std. | – Vorbereitung und Probepräsentation der Parkourabfolge in der Gruppe auf Grundlage der Kriterien<br>– Vorbereitung Einzelparkourdurchlauf |
| 6. Do-Std. | – Präsentation und Bewertung der Parkourabfolge in der Gruppe<br>– Einzelparkourdurchlauf mit Bewertung<br>– Evaluation der Unterrichtsreihe |

Tab. 2: Übersicht über die Unterrichtsreihe

## 6.4.1 Doppelstunde 1: Parkourtechniken Expertengruppen

- **Überblick über die Unterrichtsreihe, Theoriephase**
Die Schüler werden über den groben Verlauf und das Ziel der Unterrichtsreihe (Präsentation einer Parkour-bewegungsabfolge in der Gruppe sowie Einzel-*run*) informiert. Informationen zu Le Parkour werden gesammelt und auf einer Flipchart festgehalten. Thematisiert wird, was unter Le Parkour zu verstehen ist, wie die Bewegungskunst entstanden ist und in welcher Form Parkoursport aktuell betrieben wird und vorkommt.

- **Gruppenbildung/Geräteaufbau/Sicherheitscheck**
Bildung der Expertengruppen, die mit Hilfe von Aufbauplänen (siehe exempl. Arbeitsmaterial 8) die 4 Stationen aufbauen. Im Anschluss wird individuell mit den Gruppen ein Gerätecheck durchgeführt, um die Sicherheit der Aufbauten zu gewährleisten.

- **Videoclip als Einstimmung**
Den Schülern wird ein kurzer Videoclip als Einstimmung auf die Unterrichtsreihe gezeigt.

- **Aufwärmen**
- Laufen mit Musik, ohne Geräte zu berühren
- Lehrerzentriertes Dehnen und Kräftigen

- **Erarbeitungsphase Experten**
Die vier Expertengruppen entwickeln und üben an jeweils einer Station auf Grundlage eines schriftlichen Arbeitsauftrags verschiedene Arten der Hindernis-überquerung, wobei die Aufbauten der vier Stationen jeweils unterschiedliche Bewegungen nahelegen. Die Schüler sollen zu Experten an ihrer Station werden und in den nächsten Wochen ihren Mitschülern verschiedene Möglichkeiten zeigen und beibringen, wie die Hindernisse effizient und in differenzierten Schwierigkeitsgraden überwunden werden können. Dazu sollen die Möglichkeiten notiert und in eine Reihenfolge von leicht nach schwer gebracht werden.

- **Vorstellung der Bewegungslösungen**
Jede Gruppe zeigt einige Bewegungslösungen zur Überquerung der Hindernisse. Dabei reicht das Bewegungsspektrum i. d. R. vom „einfachen Klettern", über klassische Turnbewegungen (z. B. Aufknien, Sprunghocke, Handstützüberschlag) und Parkour-Techniken (z. B. *tic tac*, Armsprung, Rolle) bis hin zu selbst entwickelten Bewegungen, die über die gängigen Parkour-Techniken (vgl. Kapitel 5.1) hinausgehen.

- **Abbau:** in den Expertengruppen

- **Hausaufgabe**
Die Schüler sollen als Hausaufgabe Namen der Elemente googeln, die sie an ihrer Station durchgeführt haben bzw. nach ähnlichen Bewegungen suchen und deren Namen notieren, da in der Folgewoche als Einstieg ein Ratespiel zu Parkour-Techniken durchgeführt wird.

## 6.4.2 Doppelstunde 2: Parkourtechniken Stammgruppen 1

- **Aufbau:** durch Expertengruppen, wobei jede die aus der Vorwoche bekannte Station aufbaut, um Zeit zu sparen.

- **Ratespiel Parkourtechniken als Hausaufgaben-kontrolle**
Mittels Laptop und Beamer werden Mini-Videoclips zu Parkourtechniken gezeigt, deren Bezeichnungen dann von den Schülern auf Grundlage ihrer häuslichen Internet-Recherche genannt werden sollen. Die bei der Suche bestaunten schwierigen Bewegungen demotivieren die Schüler meiner Erfahrung nach keineswegs. Im Gegenteil: Die Jugendlichen wollen einige der entdeckten Techniken, die sie für durchführbar halten, ausprobieren.

Dabei kann mit der Lerngruppe reflektiert werden, dass das *subjektiv schwierige* Können wertvoll ist und nicht nur spektakuläre *moves*, wie sie häufig im Internet zu finden sind. Gleichzeitig kann das Gefahrenpotenzial von Le Parkour angesprochen werden, wenn Traceure nicht den grundlegenden Parkour-Regeln folgen (Beachtung des eigenen Leistungsvermögens, progressive Anforderungssteigerung). Es gilt in diesem Zusammenhang, den Schülern die Bedeutung der realistischen Einschätzung eigener Fähigkeiten und Grenzen deutlich zu machen.

- **Aufwärmen**
- Auf Musik mit unterschiedlichen Bewegungsaufgaben durch die Halle bewegen ohne Geräte zu berühren
- Bei Musikstopp jeweils möglichst schnell auf ein Gerät
- Dehnen und Kräftigen

# Tic-Tac & Armsprung

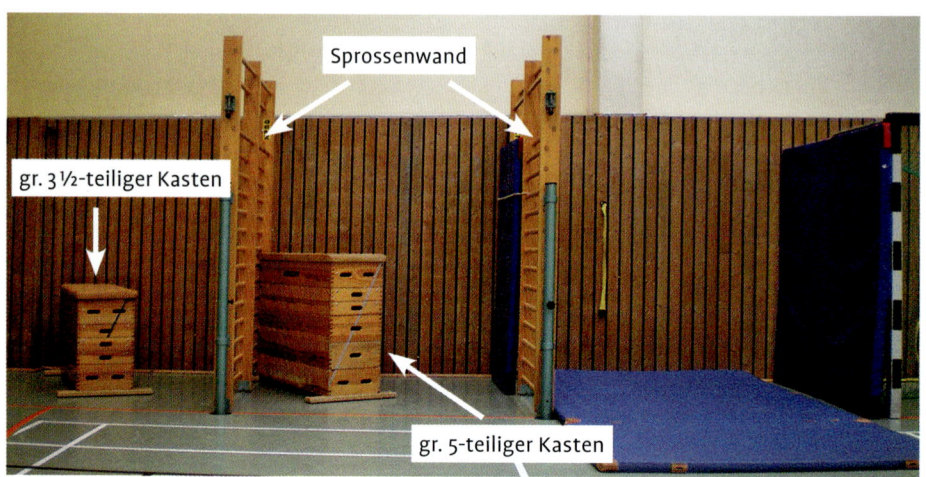

Sprossenwand

gr. 3½-teiliger Kasten

gr. 5-teiliger Kasten

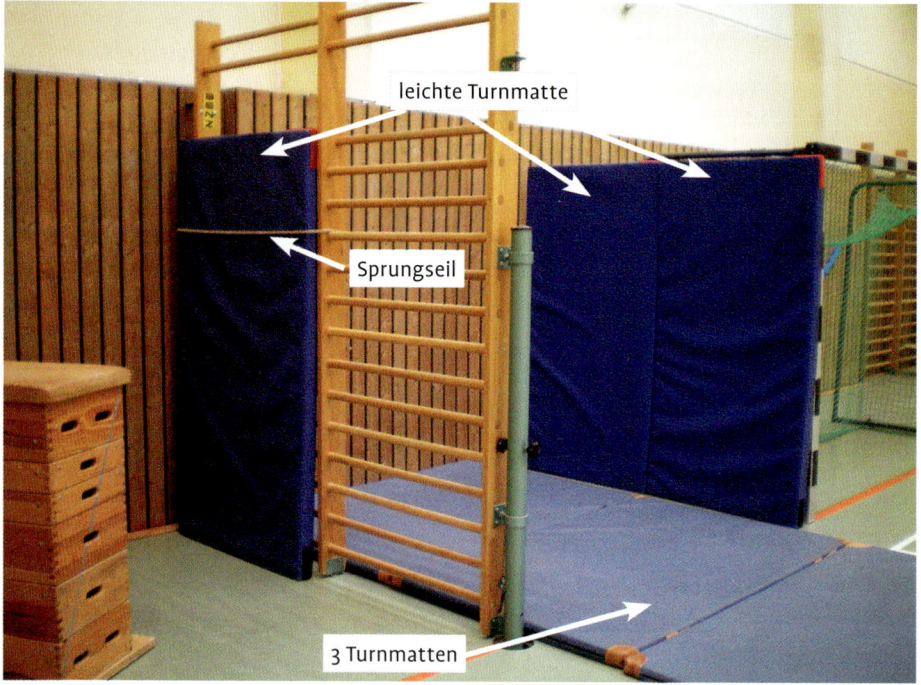

leichte Turnmatte

Sprungseil

3 Turnmatten

**Materialbedarf:**
**2x2 Sprossenwände / 1 gr. 5-teiliger Kasten / 1 gr. 3½-teiliger Kasten / 1 Sprungseil / 6 Turnmatten**

- **Wiederholung in den Expertengruppen**

Die Schüler arbeiten zunächst noch einmal in den Expertengruppen der Vorwoche, um die Ergebnisse ihrer Arbeit, d. h. die eigenständig entwickelten Bewegungsformen, auf einem Arbeitsblatt schriftlich festzuhalten und ggf. Ideen aus der Internetrecherche auszuprobieren. Die Arbeitsblätter dienen dazu, die hierauf folgende Arbeit in den Stammgruppen besser zu strukturieren.

- **Einteilung Stammgruppen**

Die Einteilung der Stammgruppen, die knapp fünf Doppelstunden zusammenarbeiten, sollte von der Lehrkraft (mit) gesteuert werden, um Leistungs- und Geschlechtsheterogenität innerhalb der Gruppe (und – sofern möglich – Leistungs- und Geschlechtshomogenität zwischen den Gruppen) sicherzustellen.

- **Stammgruppenphase: Station 1**

Die Experten stellen die in den Expertengruppen erarbeiteten Parkourtechniken vor (vormachen oder erklären). Alle probieren diese Techniken aus und üben sie. Die Experten erklären und beraten die anderen, üben selbst und sind dafür verantwortlich, dass die Arbeitsaufträge erledigt werden. Nachdem die Gruppe die vorgestellten Varianten ausprobiert und ggf. geübt hat, können weitere Techniken erprobt werden, d. h. die Schüler haben dann nicht mehr die Rolle der (vom Experten) Unterrichteten inne, sondern sind gleichberechtigt Übende mit dem Ziel, sich gegenseitig beim Erlernen und Verbessern (subjektiv) neuer Bewegungen zu unterstützen. Abschließend füllt jeder den „Persönlichen Parkour-Bogen" (Arbeitsmaterial 9) zur aktuellen Station aus.

- *Run*

Ab dieser Doppelstunde werden am Ende jeder Unterrichtseinheit zwei bis drei *runs* durchgeführt, bei denen die Schüler zur Vorbereitung des bewerteten Einzelparkourdurchlaufs in der letzten Doppelstunde einzeln die Hindernisse aller Stationen überwinden. Da jeder Schüler selbst bestimmt, welche Form der Hindernisüberwindung er einsetzen möchte, eröffnet dies die Möglichkeit, die individuell erlernten Techniken in Bewegungsverbindungen anzuwenden und zu erproben. Gerade beim ersten *run* ist darauf zu achten, dass die Hindernisse NICHT möglichst schnell überwunden werden (Sicherheitsaspekt!).

- **Reflexion: Zielscheibe**

Die Wirksamkeit der Methode *Gruppenpuzzle* sowie die Bewegungsintensität der Unterrichtsstunde werden auf Grundlage der Einschätzung der Schüler evaluiert. Die Arbeit in den Gruppen soll den motorischen Kompetenzerwerb sowie den Gruppenzusammenhalt fördern. Mittels einer Zielscheibe[18] werden daher folgende Aspekte erfasst, um die Ergebnisse für die weitere Arbeit in den Gruppen nutzbar zu machen:
- – Lernerfolg: An meiner Station bin ich heute besser geworden.
- – Bewegungsintensität: Ich habe mich heute viel bewegt.
- – Gruppenklima: Ich fühle mich in meiner Gruppe wohl.
- – Unterstützung: Die anderen aus meiner Gruppe haben geholfen, mich zu verbessern.

- **Abbau:** in Stammgruppen

### 6.4.3 Doppelstunde 3: Parkourtechniken Stammgruppen 2

- **Aufbau:** durch Stammgruppen

- **Aufwärmen:** Schattenlaufen in den Stammgruppen; Dehnen/Kräftigen

- **Stammgruppenphase: Station 2 + Station 3**
➢ Siehe 2. Doppelstunde
Eine (zusätzliche) Ergebnissicherung der in den Stammgruppenphasen erprobten Parkourtechniken erfolgt in der 2., 3. und 4. Doppelstunde, indem die Schüler schriftlich auf ihrem „Persönlichen Parkour-Bogen" (vgl. Arbeitsmaterial 9) festhalten, welche Bewegungen sie besonders reizvoll finden und welche sie gerne noch üben/lernen möchten.

- *Run:* siehe 2. Doppelstunde
Der in dieser Unterrichtsreihe intendierte bewegungsfeldspezifische Kompetenzerwerb sowie die subjektive Erfahrungsqualität werden gemäß Selbsteinschätzung kontinuierlich evaluiert: Jede Woche bewerten die Schüler nach jedem *run* mit Hilfe eines Selbsteinschätzungsbogens die telische (*wie gut gelingt die Bewegung?*) und autotelische (*wie fühlt sich die Bewe-*

---

[18] Die Zielscheibe ist in die 4 genannten Bereiche aufgeteilt. Stimmen die Schüler der Aussage zu, kreuzen sie im entsprechenden Quadranten Richtung Mitte an. Stimmen sie nicht oder weniger zu, erfolgt das Kreuz weiter am Rand.

# Persönlicher Parkour-Bogen (Stationen)

Name: ............................................................ Gruppe: ...................................................

**Station 1:** Datum: .............................
Von den Parkourtechniken, die mir an dieser
Station gelingen, macht mir am meisten Spaß:
................................................................
................................................................
................................................................

Das würde ich an dieser Station gerne noch lernen/üben: ...................................................................

**Station 2:** Datum: .............................
Von den Parkourtechniken, die mir an dieser
Station gelingen, macht mir am meisten Spaß:
................................................................
................................................................
................................................................

Das würde ich an dieser Station gerne noch lernen/üben: ...................................................................

**Station 3:** Datum: .............................
Von den Parkourtechniken, die mir an dieser
Station gelingen, macht mir am meisten Spaß:
................................................................
................................................................
................................................................

Das würde ich an dieser Station gerne noch lernen/üben: ...................................................................

**Station 4:** Datum: .............................
Von den Parkourtechniken, die mir an dieser
Station gelingen, macht mir am meisten Spaß:
................................................................
................................................................
................................................................

Das würde ich an dieser Station gerne noch lernen/üben: ...................................................................

Von allen 4 Stationen hat mir Station ............... am besten gefallen.

gung an?) Bewegungsqualität in Verbindung mit der Selbsteinschätzung des Schwierigkeitsniveaus des jeweiligen *runs* (Arbeitsmaterial 10). Die Auswertungen zeigen i.d.R., dass die *runs* tendenziell zunehmend besser gelingen und sich besser anfühlen bei einer tendenziell leichten Steigerung des Schwierigkeitsgrades.

Die Schüler steigern also – glaubt man diesen Selbsteinschätzungen – im Laufe der Parkour-Reihe ihre Bewegungskompetenz und beurteilen die subjektive Erfahrungsqualität zunehmend positiver.

- **Abbau:** in den Stammgruppen

---

**Arbeitmaterial 10: Laufzettel**

# Persönlicher Parkour-Bogen (run)

**Name:** ...................................................... **Gruppe:** ........................................

**Datum:** ........................................

**Run 1:** Mein run…
1) hat super    *mittel*    <----O-----O-----O-----O-----O-----O---->   *überhaupt nicht* geklappt.
2) hat sich *super*    *mittel*    <----O-----O-----O-----O-----O-----O---->   *schrecklich* angefühlt.
3) hatte *sehr hohes*    *mittleres*    <----O-----O-----O-----O-----O-----O---->   *sehr tiefes* Schwierigkeitsniveau.

**Run 2:** Mein run…
1) hat *super*    *mittel*    <----O-----O-----O-----O-----O-----O---->   *überhaupt nicht* geklappt.
2) hat sich *super*    *mittel*    <----O-----O-----O-----O-----O-----O---->   *schrecklich* angefühlt.
3) hatte *sehr hohes*    *mittleres*    <----O-----O-----O-----O-----O-----O---->   *sehr tiefes* Schwierigkeitsniveau.

**Datum:** ........................................

**Run 1:** Mein run…
1) hat *super*    *mittel*    <----O-----O-----O-----O-----O-----O---->   *überhaupt nicht* geklappt.
2) hat sich *super*    *mittel*    <----O-----O-----O-----O-----O-----O---->   *schrecklich* angefühlt.
3) hatte *sehr hohes*    *mittleres*    <----O-----O-----O-----O-----O-----O---->   *sehr tiefes* Schwierigkeitsniveau.

**Run 2:** Mein run…
1) hat *super*    *mittel*    <----O-----O-----O-----O-----O-----O---->   *überhaupt nicht* geklappt.
2) hat sich *super*    *mittel*    <----O-----O-----O-----O-----O-----O---->   *schrecklich* angefühlt.
3) hatte *sehr hohes*    *mittleres*    <----O-----O-----O-----O-----O-----O---->   *sehr tiefes* Schwierigkeitsniveau.

### 6.4.4 Doppelstunde 4: Parkourtechniken Stammgruppen 3 & 1. Gruppenpräsentation

- **Aufbau:** durch Stammgruppen

- **Aufwärmen:** Schattenlaufen in den Stammgruppen; Dehnen/Kräftigen

- **Stammgruppenphase: Station 4**
→ siehe 2. & 3. Doppelstunde

- **Erarbeitung Mini-Gruppenpräsentation**
Nach Abschluss der Erarbeitung der individuellen Parkourtechniken im ersten Teil der Doppelstunde bekommen die Schüler den Arbeitsauftrag, an ihrer aktuellen Station als Gruppe eine Abfolge mehrerer Parkourtechniken einzuüben, die als kurzer Parkour-Videoclip ins Internet gestellt werden *könnte*. Ziel ist dabei nicht, die Schülerergebnisse tatsächlich zu veröffentlichen. Jedoch kennen viele Schüler Parkourclips und bekommen eine Idee für mögliche Arten der Präsentation. Darüber hinaus macht dieser Hinweis deutlich, dass die Schüler die Präsentation nicht nur für sich selbst, sondern auch „für die Augen der Zuschauer" gestalten (vgl. Bähr, 2008, S. 7). Die Schüler überlegen sich und notieren Kriterien, anhand derer solch eine Präsentation bewertet werden kann. Die Notizen der Schüler bilden die Grundlage für die finalen Bewertungskriterien (siehe Doppelstunde 5).

- **Präsentation der Mini-Bewegungsfolgen**

- **Reflexion**
Es wird eine kurze schriftliche Reflexion durchgeführt, bei der jeder Schüler
– den Arbeitsprozess in der Gruppe beurteilt,
– begründet, ob und warum er mit dem Gruppenarbeitsergebnis zufrieden ist oder nicht,
– einschätzt, ob die (neuen) Bewegungen, die in dieser sowie den vorigen Stunden erarbeitet wurden, (zumindest anfangs) ein Wagnis darstellten.

Die Lehrkraft sichtet die Ergebnisse und kann bei Bedarf in der Folgewoche darauf eingehen.

- *Run:* siehe 2. & 3. Doppelstunde

- **Abbau:** in den Stammgruppen

### 6.4.5 Doppelstunde 5: Kriterien Gruppenpräsentation & run

- **Aufbau:** durch Stammgruppen

- **Kriterien und Aufgabe Gruppenpräsentation**
Die Schüler besprechen in ihren Gruppen die Aufgabe und die Kriterien für die Gruppenpräsentation. Sie sollen eine Parkour-Bewegungsabfolge in der Gruppe erarbeiten und üben, die als kurzer Parkour-Videoclip ins Internet gestellt werden könnte. Dabei sollen die Kriterien für eine „gute Parkour-Bewegungsabfolge" berücksichtigt werden, nach denen der Vortrag bewertet wird (Arbeitsmaterial 11). Diese Kriterien sind die Essenz der von den Schülern in der Vorstunde notierten Kriterien.

- **Vorbereitung der Präsentation in den Stammgruppen**
Jede Stammgruppe wird einer Station zugeteilt, wobei – sofern möglich – die Informationen zur Lieblingsstation, die auf dem „Persönlichen Parkour-Bogen" (vgl. Arbeitsmaterial 9) notiert sind, berücksichtigt werden. Auf Grundlage des Arbeitsauftrages bereiten die Schüler ihre Parkourbewegungsabfolge in der Gruppe vor.

- **Präsentation und Diskussion der Kriterien**
Ein bis zwei Gruppen präsentieren. Die anderen Schüler beobachten und geben Rückmeldung, um die Kriterien auf Sinnhaftigkeit zu prüfen. Anschließend werden die Kriterien diskutiert und es wird besprochen, woran festzumachen ist, ob und inwieweit ein Kriterium erfüllt ist. Das Kriterium *Kreativität/Originalität* wurde bspw. in der ersten Durchführung der Unterrichtsreihe aus pragmatischen Gründen nicht weiter angewendet. Die Schüler fanden dieses Kriterium zu schwierig zu bewerten.

- ***Run* und Diskussion der Kriterien**
Die Kriterien für den *run* werden genannt und aufgehängt: Sicherheit, Flüssigkeit/Eleganz, Kreativität/Originalität, Schwierigkeit. Der *run* wird über zwei Stationen ausgeführt, die sich die Schüler aus den vier zur Verfügung stehenden individuell aussuchen können. Anschließend führen die Schüler zwei bis drei *runs* durch. Die Kriterien werden diskutiert. Das Kriterium *Kreativität/Originalität* wurde bei der ersten Durchführung dieser Unterrichtsreihe ebenfalls aus den o. g. Gründen verworfen.

- **Abbau:** in den Stammgruppen

# PARKOUR-BEWEGUNGSABFOLGE IN DER GRUPPE

Gruppe: ...........................................  Station: ...........................................

Erarbeiten und üben Sie eine Parkour-Bewegungsabfolge in der Gruppe, die als kurzer Parkour-Videoclip ins Internet gestellt werden könnte. Beachten Sie dabei die u. g. Kriterien für eine „gute Parkour-Bewegungsabfolge", nach denen Ihr Vortrag bewertet wird. Präsentieren Sie Ihre Bewegungsabfolge nachher der Klasse. Sie haben 15 min. Vorbereitungszeit.

**Bewertungskriterien für die Parkour-Bewegungsabfolge in der Gruppe**

- Gemeinsamer Anfang und gemeinsames Ende
- Sicherheit
- Flüssigkeit/Eleganz der Bewegungen
- Kreativität/Originalität
- Bewegungsbezug in der Gruppe (Abstimmen der eigenen Bewegung auf diejenigen der Anderen)

## 6.4.6 Doppelstunde 6: Präsentation und Evaluation

- **Aufbau:** durch Stammgruppen

- **Aufwärmen:** Schattenbewegen in den Stammgruppen; lehrerzentriertes Dehnen und Kräftigen

- **Präsentation der Bewegungsfolge in der Gruppe**
Die Präsentationsreihenfolge wird festgelegt. Nach einer kurzen Übungszeit präsentieren die Gruppen ihre Bewegungsabfolge, die übrigen Gruppen bewerten mit Hilfe eines Bewertungsbogens (Arbeitsmaterial 12) anhand der bekannten Kriterien.

- **Bewertung des Einzel-*runs***
Die Schüler zeigen ihren *run* in alphabetischer Reihenfolge. Die anderen bewerten die *runs* mit Hilfe eines Bewertungsbogens auf Grundlage der bekannten Kriterien Sicherheit, Bewegungsfluss und Schwierigkeit, wobei jeder Schüler aus Zeitgründen nur eins der drei Kriterien

beurteilt. Damit ist sichergestellt, dass die Bewertung direkt im Anschluss an den *run* erfolgt und der nachfolgende nahezu ohne Verzögerung auf den vorherigen folgen kann. Die Bewertung des Einzel-*runs* dauert in dieser Organisationsform nicht länger als 15 Minuten.

- **Evaluation der Unterrichtsreihe**
Zum Abschluss der Unterrichtsreihe wird mittels Schülerfragebogens (Arbeitsmaterial 13) eine Kurz-Evaluation durchgeführt. Dabei wird u. a. erfasst,
- ob und in welchem Maße sich die Schüler – aus eigener Sicht – motorisch verbessert haben,
- ob und inwiefern sie Wagnissituationen erlebt haben und
- inwiefern die Schlüsselkompetenzen allgemeiner Bildung (Selbstbestimmungs-, Mitbestimmungs-, Solidaritätsfähigkeit; vgl. Kap. 6.1) gefordert und damit potenziell gefördert wurden.

Drei offene Fragen ermöglichen den Schülern darüber hinaus zu notieren, was ihnen an der Parkour-Reihe

# Gruppenpräsentation (Gr A)

|  | gemeins. Anfang & gemeins. Ende | Sicherheit | Flüssigkeit/ Eleganz | Bewegungsbezug in der Gruppe | gesamt |
|---|---|---|---|---|---|
| Gruppe B |  |  |  |  |  |
| Endwert |  |  |  |  |  |
| Gruppe C |  |  |  |  |  |
| Endwert |  |  |  |  |  |
| Gruppe D |  |  |  |  |  |
| Endwert |  |  |  |  |  |

gefallen bzw. nicht gefallen hat und geben Raum für weitere Anmerkungen und Kommentare. Diese können für die erneute Durchführung der Reihe oder für die Gestaltung weiterer Unterrichtsreihen nützlich sein.

• **Abbau:** in den Stammgruppen

**Hinweis:** Im Rahmen der ersten Durchführung dieser Unterrichtsreihe wurden Videoaufnahmen zum Zweck der Bewertung der Gruppenpräsentationen und *runs* erstellt. Diese Aufnahmen wurden zu einem dreiminütigen Clip zusammengeschnitten, der unter folgendem LINK zu sehen ist: http://de.youtube.com/watch?v=sCwj81lbyf8

## 6.5 Unterrichtsreihe Freerunning – Hindernisüberwindungen gestalten

### Hinweise zur Unterrichtsreihe
– Die Unterrichtsreihe wurde erstmals im Herbst 2012 an der Friedrich-Ebert-Schule in Schwalbach in einer Jahrgangsstufe 7 und in der Parkour-AG durchgeführt.
– Die kompletten Materialien zur Unterrichtsreihe inklusive aller Arbeitsblätter sind digital beim Autor erhältlich.

### Methodisch-didaktische Vorbemerkungen
Ziel der im Folgenden vorgestellten Unterrichtseinheit ist es, den Schülern einen Einblick in Le Parkour und Freerunning zu geben. Über den Zeitraum von sechs Doppelstunden wird der Fokus im Sinne der Entwicklungsgeschichte von Parkour immer mehr auf das Freerunning verschoben. Am Ende sollen die Schüler einen Partner-*run* über verschiedene Hindernisse präsentieren, in dem grundlegende Parkourelemente und selbst erarbeitete Freerunning-*moves* integriert sind (vgl. hierzu die Kapitel 5.1 und 5.2).

Zunächst werden in zwei Doppelstunden Parkour-Basics eingeführt. In den zwei darauf folgenden Einheiten erarbeiten die Schüler gestaltende Elemente aus dem Freerunning, die in den letzten beiden Doppelstunden mit den Parkour-Elementen zu einem bewerteten Partner-*run* kombiniert werden.

**Arbeitmaterial 13:**
**Bewertungsbogen**



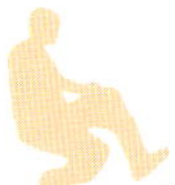

# Evaluation der Parkour-Reihe

| | Trifft voll zu ← | | | Trifft überhaupt nicht zu → | | |
|---|---|---|---|---|---|---|
| Ich habe im Laufe der Parkour-Reihe mein persönliches Leistungsniveau deutlich gesteigert. | o | o | o | o | o | o |
| Im Rahmen der Parkour-Reihe habe ich mehrmals Wagnissituationen erlebt. | o | o | o | o | o | o |
| Ich wurde dazu angeregt, unsere Gruppenpräsentation zu gestalten. | o | o | o | o | o | o |
| Im Rahmen der Parkour-Reihe war ich gefordert, die eigene Bewegung auf die Anderer abzustimmen. | o | o | o | o | o | o |
| Leistungsschwächere Schüler/Innen wurden so gut wie möglich unterstützt. | o | o | o | o | o | o |
| Ich konnte teilweise selbst bestimmen, was ich lernen bzw. üben wollte. | o | o | o | o | o | o |
| Im Rahmen der Parkour-Reihe mussten eigene Ideen mit anderen ausgetauscht und abgestimmt werden. | o | o | o | o | o | o |

An der Parkour-Reihe hat mir gefallen:

______________________________________________

______________________________________________

______________________________________________

An der Parkour-Reihe hat mir nicht gefallen:

______________________________________________

______________________________________________

______________________________________________

Weitere Anmerkungen:

______________________________________________

______________________________________________

______________________________________________

Tabelle 3 zeigt den Verlauf der Unterrichtsreihe von Le Parkour zum Freerunning im Überblick.

| UE | Unterrichtsreihe Parkour – Freerunning |
|---|---|
| 1. Doppelstunde | Parkour-Basics: *passements*, Rolle und Präzisionssprung |
| 2. Doppelstunde | Parkour-*runs* – Vertiefung der Grundtechniken und Einführen weiterer Elemente |
| 3. Doppelstunde | Freerunning-*moves* I – Technikerwerb |
| 4. Doppelstunde | Freerunning-*moves* II – Vertiefung und Technikerwerb |
| 5. Doppelstunde | Gestaltung des *runs* – Partner-*runs* und Kriterienentwicklung |
| 6. Doppelstunde | Bewertung der Partner-*runs* und Gruppenchoreografie |

**Tab. 3: Verlauf der Unterrichtsreihe**

## 6.5.1 Doppelstunde 1: Parkour-Basics

Zunächst werden die Schüler über den Verlauf und die Ziele der Unterrichtsreihe informiert. Die Einführung und Antwort auf die Frage „Was ist Parkour?" erfolgt lehrerzentriert mittels einer kurzen Präsentation über die Entstehungsgeschichte sowie der zugrundeliegenden Philosophie und einem Video (z. B. http://youtu.be/esyjXoimNbY).

- **Aufbau**

Der Aufbau erfolgt über einen Hallenplan und Aufbaukarten zu den Stationen.

- **Aufwärmen**

Einlaufen zur Musik, dann lehrerzentrierte Lockerungs- und Kräftigungsübungen für Schulter- und Handgelenke – z. B.: Krabbeln, Kreisen der Hände und Schultern, Krebsgang, *catwalk* auf Linien in der Halle.

**Arbeitmaterial 14: Stationskarte**

# Station Präzi

🐾 Sprünge von einem zum anderen Hindernis heißen Präzisionssprünge. Je kleiner die Landefläche, desto höher die geforderte Präzision.

1. Springt beidbeinig von einem zum anderen Hindernis, nutzt jeden der drei Wege mindestens 3-mal. Ziel sollte sein, auf jedem Hindernis kurz stehen zu können, ohne herunterzufallen.
2. Wenn ihr sicher seid, sucht euch Hindernisse, die weiter entfernt sind.
3. Springt zusammen mit einem Partner.

**⚠ Landet immer auf den Füßen!**
**Keine Flugrollen/Salti von den Hindernissen!** 🚫

**• Stationsarbeit**

In dieser Doppelstunde werden folgende Basics vermittelt: Präzi, Rolle, verschiedene *passements* und der Präzisionssprung. Diese werden analog zur Organisationsform der in Kap. 6.3 beschriebenen Unterrichtsreihe an drei Stationen erarbeitet, wobei die Stationen Präzi und Rolle von den Schülern selbstständig anhand von Arbeitsaufträgen (siehe exemplarisch Arbeitsmaterial 14) bearbeitet werden sollen.

**Station *passements***

Die grundlegenden *passements* (*lazy*, *reverse*, Katze und *dash*) werden analog zur in Kap. 6.3 beschriebenen Unterrichtsreihe lehrerzentriert eingeführt. An dieser Stelle werden daher nur die beiden Stationen Präzi und Rolle zusätzlich beschrieben.

**Station Präzi**

An dieser Station (Abb. 176) haben die Schüler die Aufgabe, zunächst beidbeinige Präzis auf verschiedene Hindernisse zu machen. Ziel sollte es dabei sein, immer kleinere Landeflächen auszusuchen und darauf kurz stehen zu bleiben. Anschließend können die Sprungdistanzen sukzessive vergrößert werden. Die dritte Aufgabe ist es, mit einem oder mehreren Partnern zusammen synchron zu springen. Es sollte darauf geachtet werden, dass Salti und Flugrollen explizit ausgeschlossen werden (vgl. hierzu Abschnitt 4.1.2), dies gilt insbesondere auch für die folgende Station.

**Station Rolle**

An der Station Rolle (Abb. 177) erlernen die Schüler die Rolle zunächst nur auf einer Matte. Mit Hilfe eines Reihenbildes (siehe z. B. Abb. 28) und den folgenden Kriterien können die Schüler auch ohne die unmittelbare Anwesenheit der Lehrkraft den Bewegungserfolg (gegenseitig) einschätzen:

– Der Kopf berührt nicht den Boden!
– Rolle über die Schulter ab!
– Versuche ohne die Hilfe der Hände aufzustehen!

Gelingt die Rolle auf der Matte, gilt es die Rolle als Landungselement aus der Höhe und aus dem *gap jump* über ein Hindernis zu üben. Für Experten bietet es sich an, die Rolle auf dem Hallenboden ohne Matte auszuprobieren bzw. als Hilfestellung (verbal, Demonstration) für andere zu fungieren.

Abschließend können je nach Aufbau in der Halle *runs* durchgeführt werden, bei denen die drei Grundelemente *passement* – Rolle – Präzi aneinandergereiht werden. Nach der zunächst individuellen Bewältigung des Parcours kann eine 3er-Verfolgung durchgeführt werden. Abschließend können freiwillige Schülergruppen ihren *run* demonstrieren.

**• Reflexion und Ausblick**

Die Reflexion der Lernprozesse erfolgt in dieser Unterrichtsreihe stets über einen Eintrag in ein persönliches Schülerportfolio, das die Schüler nach jeder Stunde in einem Ordner in der Turnhalle deponieren. Jeweils 1–2 freiwillige Schüler sollten im Anschluss an die persönliche Reflexionsphase ihre Ergebnisse vorlesen. Dies kann Anlass sein, um einzelne Aspekte der Gruppen- und Bewegungslernprozesse im Plenum gemeinsam zu erörtern. Die Reflexion der ersten Doppelstunde konzentriert sich auf den Lernfortschritt im Rahmen der drei Grundbewegungen (Arbeitsmaterial 15). Zu jeder Doppelstunde gibt es außerdem eine subjektive Bewertung über Smileys.

Es folgt ein Ausblick auf die nächste Einheit, und die Stunde wird mit dem Abbau beendet. Als Hausaufgabe sollen die Schüler weitere Grundelemente, die in

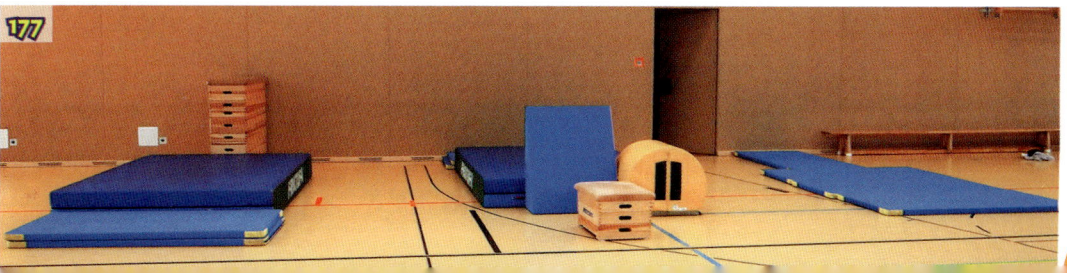

**Arbeitmaterial 15:**
**Reflexion**



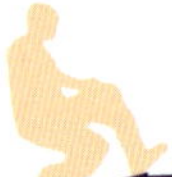

# Thema: Grundbewegungen „Rolle, Präzi und Passements“

**Station Rolle**

| | Wie gut treffen diese Merkmale auf *deine* Rolle zu? | | |
|---|---|---|---|
| **Eine gute Parkour-Rolle zeichnet sich durch folgende Merkmale aus:** | **Fast perfekt** | **Muss ich noch üben** | **Gelingt mir gar nicht** |
| 1. | | | |
| 2. | | | |
| 3. | | | |
| 4. | | | |

**Station *passement***

Welcher *passement* (*lazy, reverse, dash*, Katzensprung) ist dein Lieblingssprung? Warum?

_______________________________________________

_______________________________________________

_______________________________________________

Welchen *passement* würdest du gerne noch üben?

_______________________________________________

_______________________________________________

**Station Präzi**

Ich schaffe es die Landung
O auf dem Mattenblock
O auf dem Stepper
O auf der Bank
O auf dem Balken auszubalancieren.

Wie hat dir die heutige Stunde insgesamt gefallen?

| | | | |
|---|---|---|---|
| 😀🙂 | 🙂😐 | 😐☹️ | ☹️😞 |

Name: ................................................ Klasse: ................................................

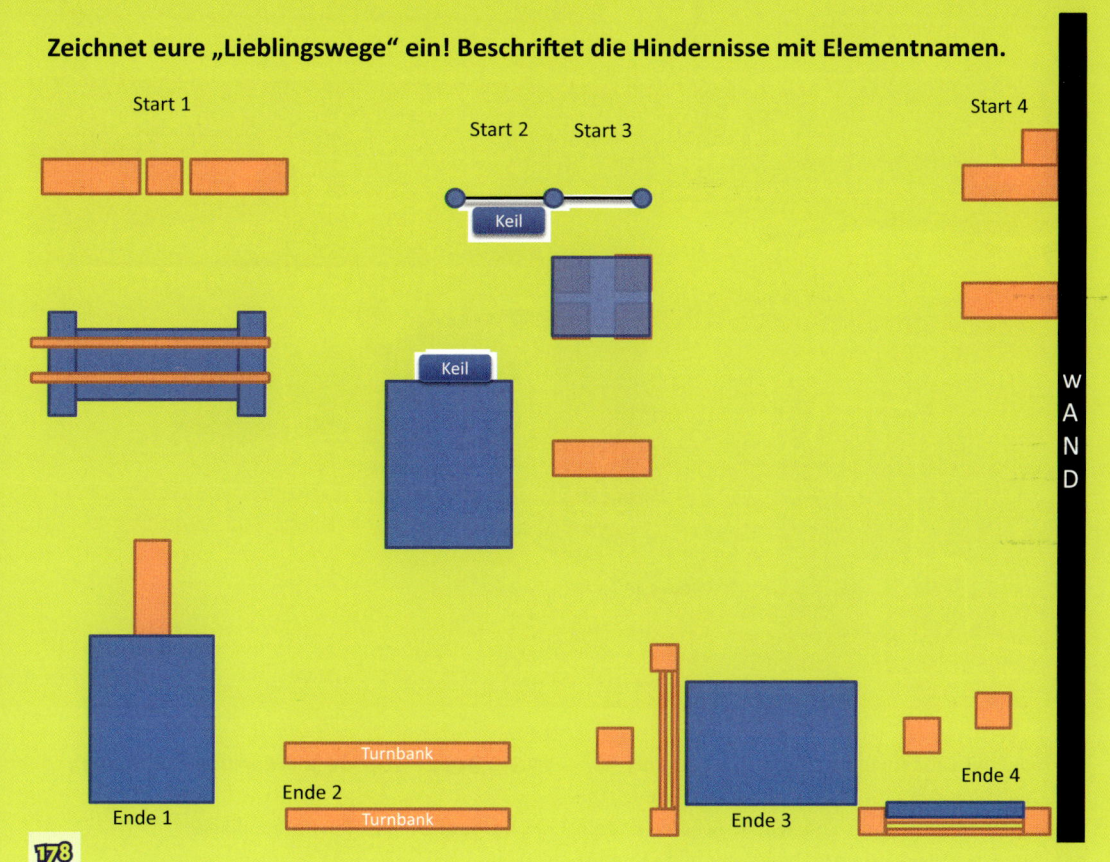

**Zeichnet eure „Lieblingswege" ein! Beschriftet die Hindernisse mit Elementnamen.**

Start 1     Start 2    Start 3      Start 4

Keil

Keil

W A N D

Turnbank

Ende 1    Ende 2    Turnbank    Ende 3    Ende 4

**178**

---

der nächsten Doppelstunde gemacht werden können, im Internet recherchieren und können ggf. ihre eigene Musik für die kommenden Stunden mitbringen.

- **Abbau**

### 6.5.2 Doppelstunde 2: Parkour-run

- **Aufbau:** anhand von Aufbauplänen (Abb. 178)

- **Theorie und Einführung**

Nach einer kurzen Wiederholung der Grundbewegungen Rolle, *passements* und Präzi der letzten Doppelstunde werden weitere Grundbewegungen zusammengetragen. Dabei sollen mindestens der Armsprung, *tic tac* und der Durchbruch erwähnt und per Video gezeigt werden.

- **Aufwärmen**

Das Aufwärmen kann in dieser Stunde spielerisch mit dem Spiel Parkour-„Feuer-Wasser-Blitz" erfolgen. Die Schüler erhalten dafür Bewegungsaufgaben (z. B.

Hopserlauf um die Geräte). Je nach Kommando „Rolle", „Präzi" oder „Klettern" müssen die Schüler so schnell, wie es geht, die genannte Aufgabe ausführen.

- Rolle – Rolle auf einer Matte
- Präzi – auf etwas springen und darauf balancieren
- Klettern – mit allen Körperteilen vom Boden auf etwas klettern oder an etwas hangeln

Danach erfolgt ein kurzes Dehnen und Lockern der Gelenke.

- **Stationsarbeit – Einzeln**

Der Aufbau in dieser Doppelstunde ergibt vier lineare Hindernisbahnen, die unterschiedliche Parkourbewegungen ermöglichen, bzw. sogar herausfordern (Abb. 179/180). Dabei wird der Parkourgrundgedanke eines effizienten Hindernisüberwindens von A nach B betont. Die Schüler erhalten die Aufgabe, die vorgegebenen Wege von A nach B mit verschiedenen Parkourelementen zu bewältigen. Es steht dabei die Frage im Mittelpunkt, welches Parkourelement an welchem Hindernis realisiert werden kann. Ziel ist es außerdem,

die Wege mit zunehmender Übungsdauer immer flüssiger zu überwinden (Grundgedanke der Effizienz). Die Wege werden außerdem von jedem Schüler einzeln mit den Adjektiven „kreativ, eingeschränkt, interessant, langweilig, leicht, schwer, anstrengend, herausfordernd, gefährlich, flüssig, stockend" bewertet und die Ergebnisse anschließend auf einem Klassenplakat zusammengetragen.

- **Stationsarbeit – Partner**
Danach sollen die Schüler paarweise neue Wege entwickeln, die Lieblingswege auf dem Hallenplan im Portfolio (vgl. Abb. 178) einzeichnen und die Parkourelemente an die jeweiligen Hindernisse schreiben. Es geht dabei darum, einen Parkourblick zu entwickeln (vgl. Kap. 3.5) und neue Wege zu finden. Abschließend können 2–3 Paare ihren Lieblingsweg vorstellen.

- **Reflexion und Hausaufgabe**
In der Abschlussreflexion steht die Frage der „Schönheit" von Parkourwegen im Vordergrund. Es wird besprochen, ob bzw. welche Wege die Schüler als „schön" empfinden und warum. Als Hausaufgabe und zur Vorbereitung der nächsten Doppelstunden bietet es sich an, dass die Schüler Unterschiede und Gemeinsamkeiten von Parkour und Freerunning recherchieren.

- **Abbau**

### 6.5.3 Doppelstunde 3: Freerunning-moves 1

- **Aufbau:** anhand von Aufbauplänen

- **Theorie**
Zunächst werden die beiden Begriffe „Parkour" und „Freerunning" abgegrenzt, indem Unterschiede aber auch Gemeinsamkeiten erörtert und auf einer Flipchart zusammengetragen werden.

- **Aufwärmen und Einstimmen**
Schattenlaufen – „1 min hin – 1 min zurück": Die Schüler laufen paarweise eine Minute einen Weg durch die Halle. Nach Ablauf der Minute müssen die Schüler den gleichen Weg zurücklaufen und sollten nach einer Minute wieder am Ausgangspunkt sein. Dabei können die Schüler zusätzlich verschiedene Bewegungsaufgaben umsetzen (Hopserlauf, Seitgalopp, etc.). Es folgt ein gemeinsames Dehnen im Kreis. Abschließend können verschiedene Drehungen in unterschiedlichen Körperpositionen (hoch, mittel, tief) auf der Stelle durchgeführt werden, um bereits auf die „Verspieltheit" des Freerunnings einzustimmen.
- Freerunning-Bewegungen erlernen
Zuerst wird das Medium Bewegungskarte eingeführt. Beispielhaft zeigen die Abbildungen die Karten für den *fifty fifty* und den *wallspin* (Arbeitsmaterial 16 und 17; Symbolerklärungen siehe S. 104). Prinzipiell

# Fifty-Fifty

🧍 **Tipp:** Übe zunächst das Unterkreisen auf dem Boden, bevor du auf den Kasten gehst.

# Wallspin 1

🧍 **Tipp:** Wenn es dir sicher gelingt, stelle das Sprungbrett aufrechter an die Wand.

**Vorübung:** Rad

103

Neben den Begriffen und den Bewegungsreihen (vgl. Kap. 5.2) bietet es sich an, auf den Karten mit Symbolen zu arbeiten, die etwas über die Lernvoraussetzungen und den Lernprozess der Bewegung aussagen. Außerdem lässt sich dadurch der Schwierigkeitsgrad der Bewegung besser einschätzen. Dazu werden in dieser Unterrichtsreihe folgende Symbole verwendet:

**Zeitintensität**
Die Bewegung erfordert Übungszeit.

**Hilfestellung**
Das Lernen der Bewegung erfordert oder wird erleichtert durch Hilfestellung.

**Kraft**
Diese Bewegung erfordert ein höheres Maß an Stütz- oder Haltekraft.

**Bewegungsvorstellung**
Für diese Bewegung ist zunächst das Bewegungsverständnis entscheidend.

**Vorübung**
Zu dieser Bewegung gibt es Vorübungen, die das Erlernen erleichtern.

können je nach Lerngruppe alle Elemente aus Kapitel 5.2 in dieser Doppelstunde eingeführt werden. Bei diesen Aufbauten (Abb. 181/182/183) bieten sich jedoch folgende Elemente an (vgl. hierzu das Kapitel 5.2, bzw. für den *gate move* 5.1):

Reck
– Yamakasi
– *gate move*

Boden
– Rolle
– *walk over*
– Rad
– Nackenkippe

Kasten
– Ashigaru
– *fifty fifty*
– *fifty fifty* Variante (schwer)
– *in and out*

Wand/Sprungbretter
– *wallspin*

Im Sinne einer „Kennenlernphase" sollen die Schüler mindestens fünf Bewegungen verstehen und ausprobieren. Um einen Überblick über die Schwierigkeit der Bewegungen zu erhalten, vermerken die Schüler auf einem Plakat den „subjektiven" Schwierigkeitsgrad der ausprobierten Freerunningbewegungen. In der anschließenden Übungsphase üben die Schüler mindestens drei Bewegungen mit dem Ziel, diese flüssig ausführen zu können. In der Festigungsphase suchen die Schüler einen Ort in der Halle, wo die drei geübten Bewegungen aneinandergehängt werden. Anschließend sprechen sich die Schüler mit zwei Mitschülern ab und koordinieren ihre Mini-*runs*. Sofern es zeitlich möglich ist, können noch einige Dreiergruppen ihre Bewegungen der Klasse präsentieren.

• **Reflexion**
Ein Teil der Reflexion über die Freerunningbewegungen erfolgt bereits durch die Einschätzung der Schwierigkeitsgrade. Hier ist insbesondere der Vergleich von Einschätzung und tatsächlich probierten und erfahrenen Bewegungen interessant sowie der Vergleich von der eigenen Einschätzung mit der Einschätzung der Klasse. Daraus lässt sich individuell festlegen, welche Bewegungen in der Folgestunde eine realistische Herausforderung darstellen können (vgl. Abschnitt 3.5).

• **Abbau**

### 6.5.4 Doppelstunde 4: Freerunning-moves 2

• **Aufbau:** nach Aufbauplan

• **Theorie**
Es werden zunächst noch einmal die Gemeinsamkeiten und Unterschiede zwischen Le Parkour und Freerunning besprochen. Anschließend tauschen sich die Schüler und die Lehrkraft über die Erfahrungen mit Freerunning in der letzten Woche aus und wiederholen die Bezeichnungen der Freerunningbewegungen, die in der Klasse genutzt werden.

• **Aufwärmen und Einstimmen**
Aufwärmen zwischen den Geräten mit Ball: Es werden verschiedene Wurf-, Roll- und Übergabe-Aufgaben mit einem Tennisball ausgeführt. Dabei dürfen die Geräte nicht berührt werden. Das lehrerzentrierte *warm-up* endet mit einem kurzen Kräftigen und Stretchen.

• **Freerunning-Bewegungen erlernen – Teil 2**
Ähnlich zur vorhergehenden Doppelstunde werden die bereits eingeführten Bewegungen um weitere ergänzt. Dazu wird die Station Reck um ein „Doppelreck"

erweitert (Abb. 189). Darüber hinaus werden zusätzlich zu den Aufbauten der letzten Doppelstunde (vgl. Abb. 181/182/183) ein Kasten mit einem Weichboden (Abb. 190) sowie eine Station zu *tic tac*-Kombinationen (Abb. 191) aufgebaut. Ziel der Stunde ist es, mindestens zwei neue Bewegungen zu üben und zu realisieren. Folgende *moves* bieten sich zusätzlich bei diesem Aufbau an:

189

190

191

Reck
- *underbar spin*

Boden
- *slide*

*tic tac*-Station
- *tic tac* 360
- *tic tac* Rolle *reverse*

Kasten – Weichboden
- Nackenkippe über den Kasten
- *broken arm spin* am kleinen oder großen Kasten
- Rolle über den Kasten

Wand
- *broken arm spin*

Die Einführung der Bewegungen erfolgt wieder durch Karten mit Reihenbildern und den bereits bekannten Symbolen. Insbesondere bei der Nackenkippe über den Kasten sollte Hilfestellung gegeben werden. In der anschließenden Übungsphase trainieren die Schüler zwei neue Bewegungen.

In der dritten Unterrichtsphase verbinden die Schüler alle gelernten Freerunning-Bewegungen zu einem kleinen *run* und variieren individuell die *moves* auf Grundlage einer schriftlichen Hilfestellung (Tab. 4). Hierbei soll der Schritt von der Variation der Hindernisüberwindung zur Gestaltung der Bewegung an sich, die u. a. kennzeichnend für Freerunning ist (vgl. Kap. 2.4), ermöglicht werden.

Abschließend erfolgt die Präsentationsphase, in der freiwillige Schüler ihren *run* zur Musik zeigen.

## Variationsmöglichkeiten der Bewegungen

| Absprung – Landung | Körperhaltung |
|---|---|
| Einbeinig, beidbeinig, aus der Drehung, in die Drehung | Beine gehockt, gestreckt, gegrätscht, Arme verdreht |
| **Ausdruck** | **Add-ons** |
| Beispiele: cool, kraftvoll | Drehungen, Kicks |
| **Tempo der Ausführung** Beispiele: langsam, schnell | **Kombination von Bewegungen** |

Tab. 4

- **Reflexion**

Die Schüler komplettieren individuell ihr Portfolio. Im Plenum werden abschließend die folgenden Fragen besprochen:
- Welche Elemente hast du ausprobiert?
- Welche Elemente hast du gelernt?
- Welche Strategien beim Lernen hattet ihr?

- **Abbau**

### 6.5.5 Doppelstunde 5: Gestaltung des runs

- **Aufbau:** von vier Wegen wie in der zweiten Doppelstunde anhand von Aufbauplänen (vgl. Abb. 176)

- **Einführung und Organisation**

Ziel der vorletzten Doppelstunde ist die Entwicklung von Partner-*runs* (paarweise, maximal in Dreiergruppen). Dabei soll jeder Schüler mindestens zwei Parkourtechniken aus den Doppelstunden 1 oder 2 und zwei Freerunningelemente in den *run* integrieren. Die Choreografie, die Grundlage für die Bewertung der Schüler ist, soll einen gemeinsamen Anfang und ein gemeinsames Ende enthalten. Weitere Kriterien werden in dieser Doppelstunde erarbeitet und festgelegt.

Jedes Schülerpaar entscheidet sich zunächst, ob es den *run* an den Wegen 1 & 2 oder 3 & 4 durchführen möchte. Anschließend erfolgt eine Einwahl.

- **Aufwärmen**

Lehrerzentriert mit Sprungseilen, anschließend gemeinsames Stretching

- **Entwicklung von Partner-*runs***

In den ersten 20 Minuten dieser Phase ist das Tauschen der Wege möglich. Somit haben die Schüler, die sich in der Einwahlphase „falsch" entschieden haben, die Möglichkeit zum Wechsel, sofern sie einen Tauschpartner finden. Im Portfolio erhalten die Schüler einen Hallenplan (vgl. Abb. 176), in dem sie ihren Weg planen und dokumentieren können. Die **Aufgabenstellung** lautet: „Plant zusammen einen Partner-*run*. Baut jeweils mindestens 2 Freerunningelemente und 2 Parkourelemente ein und zeichnet euren Weg auf (vgl. Abb. 176). Legt euch bitte entweder für einen *run* aus Weg 1–2 ODER 3–4 fest. Entwickelt einen gemeinsamen Anfang und ein gemeinsames Ende."

Zusätzlich sollen die Schüler Bewertungskriterien entwickeln (vgl. hierzu die Einführung in Kap. 6.2), die in einer **Zwischenreflexion** zusammengetragen werden.

Danach haben die Schüler Zeit, ihren *run* zu üben und gegenseitig zu beobachten (Arbeitsmaterial 18).

• **Abschlussbesprechung und Ausblick**

In der Besprechung am Ende der Stunde werden die Bewertungskriterien auf Praktikabilität geprüft und auf die Bewertung in der nächsten Stunde hingewiesen.

• **Abbau**

**Hinweis:** Die Entwicklung von Kriterien sowie die von Kriterien geleitete Schüler-Schüler-Beobachtung sollten den Schülern bei dieser sehr selbständigen Portfolioarbeit mit Arbeitsblättern aus Zeitgründen bereits aus vorherigen Unterrichtsreihen bekannt sein.

---

**Arbeitmaterial 18:**
**Beobachtungsbogen**

# Bewertungshilfe – Partner-Run

**Beobachtet euch gegenseitig und überlegt, wie ihr euren Partner-*run* anhand der Bewertungskriterien verbessern könnt.**

Wie gut treffen diese Merkmale auf den beobachteten *run* zu?

| Merkmal | O.K. | Gelingt gar nicht |
|---|---|---|
| Gemeinsamer Anfang und gemeinsames Ende deutlich zu erkennen | | |
| Alle Bewegungen gelingen ohne Sturz | | |
| Der Großteil der Bewegungen wird zügig ohne deutlich sichtbare Unterbrechung des Bewegungsflusses ausgeführt | | |
| Von jedem Schüler werden 2 Parkourtechniken und 2 Freerunningelemente ausgeführt | | |

Verbesserungsvorschläge:

.................................................................................................................................

.................................................................................................................................

.................................................................................................................................

Wie hat dir die heutige Stunde insgesamt gefallen?

| ☺☺ | ☺😐 | 😐☹ | ☹☹ |
|---|---|---|---|

Name: ........................................................   Klasse: ........................................................

### 6.5.6 Doppelstunde 6: Bewertung der Partner-runs und Gruppenchoreografie

• **Aufbau** (siehe Doppelstunde 5)

• **Einführung und Organisation**

Da sich über die Einwahl der Wege zwei Gruppen ergeben (Gruppe 1 = Weg 1 & 2; Gruppe 2 = Weg 3 & 4), kann die Bewertung nach den Wegen getrennt erfolgen. Während z. B. an Weg 1 & 2 die Bewertung durchgeführt wird, kann an Weg 3 & 4 eine Gruppenchoreografie erstellt werden. Dazu finden sich die Schüler an Weg 3 & 4 zu zwei Gruppen zusammen. Durch diese Aufteilung sollten die Gruppenchoreografien erstellt werden können, ohne dass sich die Schülergruppen zu oft an den Hindernissen stören. Jede Gruppe erhält schriftlich die Aufgabe, eine Gruppenchoreografie zu erstellen und folgende ergänzende Hinweise:
– Alle nehmen teil
– Gemeinsamer Anfang, gemeinsames Ende
– Jeder trägt mind. 2 Parkourtechniken und 2 Freerunningelemente zum *run* bei
– Aufführung am Ende der Stunde

• **Aufwärmen und Einstimmen**

Das Aufwärmen erfolgt in den Gruppen durch Einlaufen um die Geräte zur Musik.

• **Entwicklung der Choreografien, Bewertung der Partner-*runs***
– Bewertung an Weg 1 & 2, dann Bewertung an Weg 3 & 4
– Organisation der Bewertung an den Wegen (vgl. Abschnitt 6.5.2)
  ○ Reihenfolge (alphabetisch) vorlesen und in dieser Reihenfolge auf die Bänke setzen.
  ○ Indikatoren für Partner-*runs* partnerweise austeilen (siehe Bewertungskriterien) → jeder Schüler bewertet jeweils nur 1 Kriterium (mit 1 = sehr schlecht, bis max. 10 = perfekt, Punkten) auf einem Bewertungsbogen.

• **Bewertungskriterien Partner-*run***
– **Gemeinsamer Anfang/gemeinsames Ende**
➢ 5 Punkte: gemeinsamer Anfang und gemeinsames Ende deutlich zu erkennen
– **Sicherheit**
➢ 5 Punkte: alle Bewegungen gelingen ohne Sturz

– **Flüssigkeit/Eleganz der Bewegungen**
➢ 5 Punkte: der Großteil der Bewegungen wird zügig und ohne deutlich sichtbare Unterbrechung des Bewegungsflusses ausgeführt
– **Schwierigkeit der Bewegungen**
➢ 5 Punkte: Von jedem Schüler werden 2 Parkourtechniken und 2 Freerunningelemente ausgeführt

• **Präsentation der Gruppenchoreografien**

• **Abschluss und Ende der Einheit**

Die Einheit endet mit einer kurzen Evaluation im Portfolio. Rückmeldungen bezüglich Änderungsvorschlägen, positiven und negativen Aspekten der Einheit helfen diese kontinuierlich zu verbessern. Das Portfolio kann eingesammelt und mit zur Bewertung herangezogen werden.

• **Abbau**

## 6.6 Möglichkeiten zum Abschluss von Unterrichtsreihen

### 6.6.1 Video- und Fotoprojekte

Im Anschluss an eine Einheit zu Le Parkour haben wir schon mehrfach ein Foto- oder Videoprojekt durchgeführt. Die meisten Videoportale im Internet sind überflutet von motivierenden Parkourclips. Es bietet sich daher an, in ein eigenes Video zu drehen.[19]

Aufgabe für die Schüler kann es sein, über mehrere Wochen einen Parkourclip oder eine Fotocollage zu erstellen. Alternativ kann die Gruppe in Regisseure und Akteure aufgeteilt werden. Die Akteure bereiten Beiträge für das Video vor, während die Regisseure den Überblick behalten und eine Art Storyboard zusammenstellen. Im Rahmen dieser Projekte können sich weitere fachübergreifende Aufgabenstellungen ergeben, bzw. können diese explizit mit Kollegen anderer Fächer geplant werden, z. B.:
• „Cooler" Videoclip, ggf. mit Musik (Informatik, Musik, Kunst)
• Tutorials zu Techniken (Informatik, Deutsch)
• Foto-Dokumentation von Sprüngen/Techniken (Deutsch, Kunst)
• Reportage zu Parkour (Deutsch, Französisch, Englisch)

---

[19] Ein Projekt „Videoclip fürs Internet" bedeutet nicht, dass dieses später auch im Internet veröffentlicht werden muss. Dies kann natürlich nur nach der Zustimmung aller beteiligten Schüler sowie deren Erziehungsberechtigten erfolgen. Die Schulleitung hat meist nichts gegen einen Beitrag auf der Schulhomepage einzuwenden.

Neben gestalterischen Aufgaben können auch Spiele zum Abschluss einer Unterrichtsreihe durchgeführt werden.

### 6.6.2 Spielerischer Abschluss

Als Abschluss einer Parkour- oder Freerunning-Unterrichtsreihe kann das erprobte, schnelle, flüssige Hindernisüberwinden spielerisch oder auch als Wettkampfformen (z. B. Staffelformen) angewendet werden. Hier sollte dennoch immer darauf hingewiesen werden, dass die Sicherheit nicht im Eifer des Spiels in Vergessenheit gerät. Darüber hinaus ist zu beachten, dass sich aus Sicherheitsgründen nicht alle Hindernisse für Spiele mit Wettkampfcharakter eignen (z. B. Präzisionssprung-Stationen). Im Wettkampf, unter dem damit verbundenen Zeitdruck oder beim Einsatz von Bällen zusammen mit Hindernisüberquerungen, ist immer höheres Verletzungspotenzial gegeben. Vorbeugend sollte daher gerade innerhalb von Spielen auf ausreichende Absicherung der Hindernisse durch Matten geachtet werden. Außerdem sollten Möglichkeiten geschaffen werden, dass die Schüler die Hindernisse umgehen können, wenn dadurch z. B. ein längerer Weg in Kauf genommen werden muss. So ist es für niemanden zwingend, das Hindernis im Spiel überwinden zu müssen.

Sollten Schüler bemerken, dass sich während des Spiels Matten oder Hindernisse verschieben, müssen sie das Recht haben, das Spiel zu unterbrechen. Hier ist natürlich zusätzliche Aufmerksamkeit der Lehrkraft gefragt.

#### Parkour-Fangen
Spiele haben immer motivierenden Charakter: So spielen die Schüler i. d. R. sehr gerne Parkour-Fangen. Dabei muss immer ein Schüler die anderen in einem festgelegten Bereich einer Gerätekombination (Abb. 192) fangen. Der vom Fänger Berührte wird zum neuen Fänger. Dieses Spiel ist jedoch nur mit einer begrenzten Anzahl (max. 10–15) fortgeschrittener Traceure empfehlenswert, da die Gefahr besteht, im Eifer des Spiels ein Hindernis falsch einzuschätzen.

#### Gerätebrennball
Ein Klassiker der Hindernislaufspiele ist das Gerätebrennball. Wie beim normalen Brennball gibt es ein

192  Parkour-Fangen

Werfer-/Läuferteam und ein Team, das im Spielfeld agiert. Vom ersten Mitglied des Werfer-/Läuferteams wird ein Ball (Variationen mit Frisbee, Flummi, Football, etc.) ins Feld geworfen. Um das Feld ist eine Gerätekombination aufgebaut, die vom werfenden Läufer anschließend überwunden werden muss. An vereinbarten Stellen ist der Läufer sicher (Base). Schafft der Läufer es, eine Runde zu laufen, erhält das Team einen Punkt. Schafft es das Team im Feld, den Ball im Spielfeld an ein Brennmal zu bringen/werfen, bevor der Läufer an einer Base ist, „verbrennt" der Läufer bzw. scheidet aus. Er kann erst dann erneut Punkte erlangen, wenn er wieder an der Reihe ist. Eine Runde wird auf Zeit gespielt oder bis eine vorgegebene Anzahl an Läufern „verbrannt" ist. Danach wechseln die Teams die Rolle.

#### Takeshi
Eine weitere Möglichkeit, Parkourbewegungen in ein Spiel zu integrieren, ist Takeshi[20]. An einer Seite der Halle wird eine Gerätekombination aufgebaut (Abb. 193). Eventuell können dafür die Hindernisse aus vorangegangenen Parkour-Stunden gewählt werden, bzw. können verschiedene Hindernisbahnabschnitte von Schülergruppen selbst gestaltet werden.

Takeshi

193

---

[20] Der Name „Takeshi" kommt von der Fernsehsendung „Takeshi's-Castle", bei der Teilnehmer Hindernisse überwinden müssen und dabei von verschiedenen Widrigkeiten gestört werden (Gegner, Schlamm, Wasser, etc.).

Nach einigen Proberunden über die Geräte wird die Klasse in zwei Teams eingeteilt. Ein Team verteilt sich hinter der Wurflinie und erhält eine fixe Anzahl an weichen Wurfobjekten (Schaumstoffbälle, Schaumstofffrisbees, etc.). Das andere Team steht am Anfang der Gerätebahn und erhält einen Korb mit Tennisbällen, einen Stapel Bierdeckel, Strohhalme o. Ä. Ziel des Parkour-Teams ist es, innerhalb einer vorgegebenen Zeitspanne (z. B. 5 Minuten) jeweils möglichst viele Tennisbälle sicher über die Gerätebahn in ein Ziel am Ende der Gerätebahn zu bringen, ohne jedoch vom Wurfteam abgeworfen zu werden. Ist ein Schüler abgeworfen, so kehrt dieser mit dem Tennisball zum Laufstart zurück.

Das Wurfteam darf Schüler *in* bzw. *hinter* die Gerätebahn entsenden, um dort liegen gebliebene Bälle zurückzuwerfen oder zu rollen. Jedoch dürfen die Läufer dabei nicht behindert oder gar abgeworfen werden. Die Läufer dürfen alleine zu zweit oder zu dritt über die Bahn laufen, sich hinter Geräten verstecken und andere Taktiken entwickeln. Man sollte jedoch eingrenzen, ob Rollen oder das gleichzeitige Mehrfachbetreten der Hindernisse erlaubt sind und verantwortet werden können. Nach Ablauf der Zeit wechseln die Aufgaben.

Wichtig ist es, genau zu klären, wann ein Schüler abgeworfen ist. Zählen indirekte oder nur direkte Treffer? Darf man den Ball fangen?

### Capture the Flag

Zwei Mannschaften sind durch die Mittellinie getrennt. Im jeweiligen Feld ist eine Flagge, die vom anderen Team geklaut werden muss. Wenn es das Team schafft, die gegnerische Flagge ins eigene Feld zu bringen, ist das Spiel zu Ende. Im gegnerischen Feld kann man gefangen werden. Ist ein Gegner gefangen, so wird er ins „Gefängnis" gebracht und muss befreit werden. Die beiden Felder werden zunächst mit Hindernissen gestaltet, sodass in einer Hindernislandschaft gespielt wird. Dadurch, dass man nur im gegnerischen Spielfeld gefangen werden kann, ist es jedem Teilnehmer selbst überlassen, sich wilden Verfolgungsjagden auszusetzen, oder eher in der Defensive zu agieren.

Hinweise zum Spiel: Es bietet sich an, mit Flagfootballgürteln fangen zu spielen, da damit unmittelbar klar wird, wann ein Spieler gefangen ist. Eine abgerissene Flag wird aus Respektgründen nicht auf den Boden geworfen, sondern dem Gefangenen ausgehändigt.

Das Spiel lässt sich hervorragend outdoor durchführen.

capture the flag

194

# 7 Parkour als Erlebnis – Indoor- und Outdooraktionen

195

Aufgrund des Wagnischarakters und der damit verbundenen emotionalen Anteilnahme des Traceurs bietet sich Le Parkour an, einmalige Ereignisse zu schaffen. Es ist eben nicht alltäglich über Mauern zu springen und einmal über den direktesten Weg über das Vereinsgelände nachzudenken, geschweige denn, diesen auch auszuprobieren. Diese einmalige, besondere „Ergriffenheit" lässt sich als „Erlebnis" bezeichnen (vgl. Schott, 2003, S. 151). Besonders spannend ist Le Parkour als Aktion draußen oder als soziales Event in Form eines Projekttages. In diesem Abschnitt werden diesbezüglich Hinweise zur Durchführung sowie konkrete Umsetzungsbeispiele vorgestellt.

## 7.1 Parkour outdoor in Schule und Verein

Le Parkour und Freerunning werden im Sportunterricht und im Vereinstraining überwiegend in der Halle durchgeführt. Im Gegensatz dazu findet Le Parkour in vielen Communities draußen statt. Auch die meisten Parkour-Videos im Internet werden im städtischen Umfeld inszeniert, dabei besonders auf Spielplätzen oder in öffentlichen Parkanlagen. Parkour outdoor hat sicher einen weiteren Reiz im Vergleich zur Halle. Zunächst gilt es, Hindernisse nicht

selbst aufzubauen, sondern passende Gelegenheiten (spots) zu finden, die meist viel niedriger bzw. einfacher sein sollten als in der Halle. Eine Mauer ist eben nicht abgepolstert und verrutscht dankbar, wenn der Präzisionssprung zur kurz ist. Einfache moves wirken für den Traceur gleich viel spektakulärer und aufregender. Parkour draußen wird somit schnell zur „Kopfsache".

Die Entscheidung, wohin man gehen sollte, ist bei der Planung zunächst von der Lehrkraft bzw. dem Trainer zu treffen. Naheliegend ist es, mit geschärftem Parkourblick über den Schulhof bzw. bekanntes (Vereins-)Gelände zu gehen. Die Kinder und Jugendlichen kennen diese Umgebung und lernen sie nun anders zu schätzen. Viele Schüler sind auch selbst schon über die Mauern der Schule gesprungen und haben Parkour dort entdeckt. So finden sich bspw. in Abb. 196 eines

196

Schulhofes auf den ersten Blick vielfältige Möglichkeiten, *passements* an den Mauern durchzuführen. Auf den zweiten Blick entdeckt man am rechten Rand niedrige runde Geländer für diverse Freerunning-*moves*.

Ergänzend zu Kap. 4 werden im Folgenden einige Sicherheitsaspekte beschrieben, die speziell Parkour outdoor betreffen.

### 7.1.1 Sicherheitsaspekte beim Parkour outdoor

Lehrkräfte fragen oft nach den rechtlichen Vorgaben zum Parkour outdoor. In Hessen gibt es dazu bisher keine konkreten rechtlichen Vorgaben für Le Parkour. Auch andere Bundesländer scheinen dazu zum jetzigen Stand keine Aussagen getroffen zu haben. Die Unfallkasse NRW (2009) beschäftigt sich jedoch mit Parkour und empfiehlt die Grundlagen für Parkour in der Halle oder an „ausgewählten Stellen auf den Außenflächen der Schule" zu vermitteln.

Geht es nach draußen, ist selbstverständlich immer abzuwägen, ob die Bewegungsaufgabe zu einem erhöhten Unfall- oder Sicherheitsrisiko für die Schüler führen kann bzw. ein solches beinhaltet. Insofern gelten im Rahmen des Sportunterrichts gleichermaßen die Absicherungsregeln z. B. durch Matten analog zur Turnhalle. Draußen sind es dann bestenfalls Fallschutzflächen, die die Matten ersetzen.

Hinsichtlich der Fallhöhen beim Bouldern/Klettern draußen (Unfallkasse Sachsen, 2012, S. 5) und für Spielplätze (DIN EN 1176-1) gibt die Unfallversicherung (DGUV; 2008, S. 13) folgende Hinweise zu den Bodenbeschaffenheiten:

- Bis zu einer Fallhöhe von 60 cm besteht „keine besondere Anforderung an den Boden". Bis dahin sind

Stein und Beton erlaubt, jedoch „für viele Aktivitäten" nicht zu empfehlen (ebd.).
- Bei einer Fallhöhe zwischen 0,60 und 1,00 m ist dämpfender Untergrund/Oberboden in Form von Naturboden (z. B. Rasen) erforderlich.
- Nicht zertretene Rasenflächen sind bis 1,50 m zulässig.
- Beträgt die Fallhöhe mehr als 1,50 m, ist stoßdämpfender Untergrund (..) (z. B. Rindenmulch, Holzschnitzel, Kies, Sand) erforderlich" (ebd.), wie es z. B. auf Spielplätzen der Fall ist. Als maximale Tritthöhe von Boulderwänden sind 2,00 m vorgeschrieben. Diese Höhe ist z. B. beim wallrun schnell erreicht (Abb. 197).

Auch wenn diese Voraussetzungen erfüllt sind, gilt es – der Philosophie von Le Parkour folgend – die Selbstverantwortung und die realistische und kritische Einschätzung von Hindernissen zu entwickeln. Dies gelingt insbesondere beim Gang nach draußen. Trotzdem gilt es, deutlich zurückhaltender und als Lehrkraft vorsichtiger zu sein, als in der Halle.

Die folgenden Punkte helfen bei der Planung einer Outdoor-Parkoursession. Im Zentrum steht die notwendige Einhaltung der Sorgfalts- und Aufsichtspflicht seitens des Unterrichtenden (vgl. Schmidt-Sinns, Scholl & Pach, 2011, S. 296ff.) durch

- vorheriges Begehen des Geländes und Überprüfen auf etwaige Verletzungsrisiken durch scharfe Kanten, Glas- oder Metallsplitter (eventuell macht es Sinn, einen Besen mitzunehmen),
- Anweisung, dass allgemeine Sportbekleidung mit genügend Bewegungsfreiheit und feste Sportschuhe getragen werden sollen (lange Trainingshosen, lange Pullover oder Long Sleeves helfen Schürfwunden zu vermeiden),

Tritthöhe über 2,00 m

Tritthöhe über 0,60 m

- Absprachen mit dem Hausmeister im Vorfeld,
- Begrenzung des Bewegungsraumes auf einen einsehbaren Raum (z. B. auf vorher abgesprochene Teile des Schulhofes),
- eventuelles Mitnehmen alter Matten zur Absicherung, die für den Außengebrauch genutzt werden können (vgl. Abb. 100),
- Vermeidung von Salti und *spins* insbesondere in großen Gruppen,
- Sicherheits- und Hilfestellung, ggf. auch durch die Schüler selbst,
- Vermeiden von Beschädigungen fremden Eigentums durch Auswahl standfester Hindernisse,
- Nicht-Betreten von privatem Eigentum.
- Eventuell ist es sinnvoll, im Voraus die Erziehungsberechtigten minderjähriger Jugendlicher über das (Unterrichts-)Vorhaben zu informieren.

In der Halle gekonnte Bewegungen sollten draußen zunächst auf geringerem Niveau (z. B. geringere Höhen, Distanzen) angewandt werden. Es gilt, sich zunächst an die vielleicht ungewohnte urbane Umgebung zu gewöhnen, indem einfache Grundelemente wiederholt werden. Es steht dabei die Übertragung der Elemente auf die urbane Umwelt im Vordergrund.

Beispiele für leichte Übungen sind:
- Präzisionssprünge am Boden auf eine Treppen- oder Bordsteinkante
- Eine Rolle auf dem Rasen
- Balancieren auf einer Mauer
- Langsames Erklettern einer Mauer
- *Tic tac* an die Wand ohne Hindernisüberwindung

### 7.1.2 Eine Doppelstunde „richtig" Parkour

Die im Folgenden beschriebene Doppelstunde soll exemplarisch aufzeigen, wie der Unterricht mit einer Schulklasse der Mittelstufe draußen aussehen könnte.

- **Einstieg**
Nach dem Umziehen erfolgt eine kurze Begrüßung und Einstimmung der Schüler auf das Thema „Le Parkour draußen". Dabei stehen folgende Fragen im Zentrum: „Was ist das Besondere an Parkour draußen?" und „Wie verhält man sich bei Parkour outdoor?" Dabei sollen die Schüler für die Besonderheiten und Gefahren sensibilisiert werden, die im Unterschied zu Le Parkour in der Halle auftreten können. Eventuell werden gemeinsame Verhaltensregeln auf einem Plakat festgehalten, die z. B. bestimmte Bereiche des Bewegungsraumes sperren oder explizit vorgeben (s. o.).

- **Aufwärmen und Gewöhnen an die „neue" Parkour-Umwelt**
Das Aufwärmen erfolgt zunächst *allgemein* über das Spiel „Chinesische Mauer", bei dem die Schüler die Mittellinie eines Spielfeldes überlaufen müssen, ohne gefangen zu werden. Gefangene (berührte) Schüler werden selbst zu Fängern, die sich jedoch nur auf der Mittellinie bewegen dürfen. Dabei gewöhnen sich die Schüler an den Asphalt und die Tatsache, dass man hier nicht gerne unkontrolliert fallen möchte.

Das *spezifische* Aufwärmen und Gewöhnen an das urbane Umfeld erfolgt nach eine kurzen Stretching-Phase und dem Aufwärmen der Schulter- und Handgelenke an einer breiten Treppe (Abb. 198), an der verschiedene Bewegungsaufgaben gelöst werden sollen:
- Hochlaufen mit vielen/wenigen Schritten
- Beidbeiniges/einbeiniges Springen
- Überspringen einzelner/möglichst vieler Stufen
- Hochkrabbeln
- Hinunterkrabbeln (kann für einige zu schwierig sein)
- Anspringen der ersten/zweiten/dritten Stufe als Präzisionssprung

Abschließend sollen die Schüler möglichst auf dem Rasen ihre erste Outdoor-Rolle machen. Dabei wird relativ schnell klar, dass nur sehr gute Rollen schmerzfrei sind. Es folgt daraus für viele Schüler bereits der Schluss, dass Rollen und damit hohe Landungen (zur Funktion der Rolle vgl. 5.1.1) auf Asphalt für Anfänger tabu sind.

199

- **Hauptteil: Möglichkeiten für Le Parkour auf dem Schulhof suchen**

Im Hauptteil erhalten die Schüler in Kleingruppen die Aufgabe, Orte zu suchen, an denen die Grundbewegungen von Le Parkour aus der Halle übertragen werden können. Dabei kann die Lehrkraft auch mit Kreidemarkierungen mögliche Stellen hervorheben, die empfehlenswert sind. In dieser Phase ist es jedoch wichtig, dass klare Bewegungsräume abgesprochen werden, in denen sich die Schüler bewegen sollen und dürfen. Auch auf Gefahren und das Leisten von Hilfe- und Sicherheitsstellungen sollte zuvor hingewiesen werden. Dazu ist es besonders bei jüngeren Schülern sinnvoll, zunächst an einer Stelle gemeinsam Parkour zu machen und damit einen Rahmen für Ideen und Sicherheitsverhalten zu geben.

200

Mögliche Bewegungsräume sind z. B.
– Geländer und Mauern zum Balancieren (*catwalk*)
– Niedrige Mauern für *passements* (Katzensprung, *lazy* etc.)
– Höhere Mauern (Überwindung und Armsprung)
– Mauern und Treppen (Präzisionssprünge; für Fortgeschrittene Geländer mit Hilfestellung!)
– Grasflächen (Rollen)

Wichtige Fragen sind außerdem, welche Hindernisse mit welcher schon bekannten Technik überwunden werden können. Dabei stoßen die Schüler oft an Grenzen, wenn es darum geht, Wagnisse einzugehen. Dann helfen Strategien, wie z. B. zunächst auszuprobieren, wie weit man springen kann. Sind es fünf oder sechs Fuß weit? Gelingt es leicht, die Distanz ohne Hindernis zu springen, kann man es auch auf die Mauer versuchen. Das Wagnis wird damit kontrolliert und man ermutigt sich selbst durch eine erfolgreiche Wagnis-Bewältigung, die eine „vorausschauende Handlungsgestaltung" und „realistische Selbsteinschätzung" voraussetzt (vgl. Neumann, 2008, S. 196).

- **Abschluss: *run* über den Schulhof**

Für den Abschluss einer Doppelstunde auf dem Schulhof bietet sich ein *run* an, in dem verschiedene Hindernisse hintereinander überwunden werden. Fortgeschrittene Schüler machen dabei auch gerne eine Verfolgungsjagd. Allerdings sollte darauf geachtet werden, dass das Ende der Stunde nicht zu übermütig gestaltet wird. Als zusätzliche Aufgabe können die Schüler auch ein Parkourfoto in Aktion schießen, wie es auch auf Parkour-Websites zu finden sein könnte.

- **Abschlussbesprechung**

In einer gemeinsamen Runde können den Eindrücken draußen die Erfahrungen drinnen gegenübergestellt werden. Oftmals kommt dabei heraus, dass die Schüler sogar lieber in der Halle Parkour machen, da sie sich hier nicht so stark dem Wagnisdruck ausgesetzt fühlen. Insbesondere Schüler, die in ihrer Freizeit Parkour draußen betreiben, freuen sich auf die Möglichkeiten in der Halle neue *moves* auszuprobieren. Bedingt durch die eigenen Erfahrungen steigt bei vielen Jugendlichen der Respekt vor Leistungen in professionellen Parkour-Videos, die aus dem Internet bekannt sind.

## 7.2 Le Parkour als Projekttag

In Abgrenzung zu den vorgestellten Unterrichtsein-heiten soll die Durchführung von Le Parkour als punk-tuelles Ereignis in Form eines Projekttags/Workshops einer großen Gruppe an Jugendlichen die Möglichkeit bieten, in Le Parkour hineinzuschnuppern.

Langer und Körber (2008, S. 6) fassen mehrere De-finitionen des Begriffs „Schulleben" zusammen und kommen zu dem Schluss, dass das Schulleben „so-wohl den Schulalltag als auch besondere Ereignisse im Bereich der Schule" erfasst. Ähnliche Aussagen können sicher auch über das Vereinsleben getroffen werden. Das Schulleben (auch Vereinsleben) geht demnach über den Unterricht, bzw. das tägliche Trai-ning hinaus und umfasst die Schule als „Corporate Identity" (ebd., S. 72ff.), die Gestaltung der Schule (ebd., S. 139ff.), verschiedene Events (ebd., S. 165ff.), wie zum Beispiel Projekttage im Rahmen des Schul-sports oder einen „Schnuppertag Le Parkour" im Sportverein.

Ein Projekttag zu Le Parkour bietet sich auch im Anschluss an eine Unterrichtsreihe an. Er kann selbst-verständlich draußen durchgeführt werden, da der Ursprung von Le Parkour in der urbanen Umwelt ver-ortet ist. Allerdings sollten die Schüler hierzu schon grundlegende Erfahrungen mitbringen. Der im Fol-genden beschriebene Gestaltungsentwurf eines Pro-jekttags „Le Parkour" ist für zwei bis drei Klassen mit insgesamt ca. 60 Jugendlichen ausgelegt und bietet somit auch die Möglichkeit, im Rahmen einer grö-ßeren Vereinsveranstaltung durchgeführt zu werden.

Nach einem gemeinsamen Aufwärmen probieren die Teilnehmer an acht Stationen die verschiede-nen Bewegungen von Le Parkour aus. Die Stationen selbst werden von erfahreneren Schülern (bspw. aus einer Parkour-AG) bzw. Traceuren betreut. Sie geben Anregungen, welche Bewegungen an ihrer Station durchgeführt werden können, geben Tipps bei der Bewegungsausführung und leisten ggf. Hilfe. Diese Jugendlichen erhalten dadurch besondere Aufmerk-samkeit und Wertschätzung ihrer Leistung, haben aber auch besondere Verantwortung bei der Betreu-ung ihrer Station. Sollten solche „Experten" nicht verfügbar sein, bietet es sich an, bei der Durchfüh-rung die Grundbewegungen per Video vorzustellen und die Stationen mit den teilnehmenden Kindern und Jugendlichen kurz zu besprechen.

201

202

passements

203

Armsprung & Überwindung

204

### 7.2.1 Planung und Vorbereitung

- Terminabsprache mit den Klassenlehrern bzw. Information der Zielgruppen im Verein
- Reservierung der Turnhalle
- Information für die teilnehmenden Kinder und Jugendlichen sowie deren Eltern über den Ablauf
- Rekrutierung von erfahreneren Traceuren als „Experten"
- evtl. Musik und Musikanlage
- Für die Einführung „Was ist Le Parkour?" einen Film, bzw. kurze Powerpoint-Präsentation vorbereiten (Beamer und Laptop/Tablet)
- evtl. Helfer für den Aufbau organisieren
- Gestaltung eines Hallenplans für die aufzubauenden Stationen
- Vorbereitung von Aufbaukarten am besten mit Fotos der aufzubauenden Stationen

### 7.2.2 Durchführungsvorschlag

- **Einführung** „Was ist Le Parkour?"
  ○ Präsentation zeigen
  ○ Film zeigen (z. B. http://youtu.be/li3Wd_2_Y-4)
- **Aufbau** (kann auch schon im Vorhinein erledigt werden, sollten die teilnehmenden Kinder sehr jung sein)
- **Aufwärmen** und Einstimmen
  ○ Joggen (auch mit Überquerung bereits aufgebauter Hindernisse)
  ○ Feuer – Wasser – Blitz
    ▪ Feuer = auf etwas Blaues
    ▪ Wasser = auf etwas hoch klettern
    ▪ Blitz = blitzschnell auf den Boden legen

[21] Diese sind z. B. in den Materialien der Unterrichtsreihen (Kap. 6.3–6.5) enthalten, die von den Autoren bezogen werden können.

- Sollten keine Experten zur Verfügung stehen: Parkour-*moves* erklären (z. B. über kurze Videoclips[21])
- **Stationen** – Aufgabe: Hindernisse mit den gezeigten Techniken überwinden
  ○ Welche Techniken lassen sich wo besonders sinnvoll anwenden?
  ○ Expertenaufgaben: Helfen; selbst an jeder Station einen *flip* oder Drehung zusätzlich einbauen.
- **Reflexion** – Visualisierung der Lieblingsstationen an der Tafel/Flipchart. Dazu klebt jeder Teilnehmer jeweils zwei Punkte an die beiden Stationen, die ihm persönlich am besten gefallen haben. Diese kurze Rückmeldung dient der eigenen Reflexion und den Veranstaltern außerdem dazu, ein Feedback für die Gestaltung zukünftiger Projekttage zu erhalten.
- **Abschluss-*run*** – Alle Stationen/die Lieblingsstationen zu einem großen *run* verbinden
- evtl. eine **Gruppenvorführung** vorbereiten
- **Abbau**
- **Abschlussbesprechung**

Der beschriebene Vorschlag ist für eine Dauer von vier Schulstunden angelegt. Da Parkour anstrengend ist, erscheint es nicht sinnvoll, eine deutlich längere Zeitspanne zu wählen. Die Unfallgefahr steigt mit zunehmender Länge des Workshops. Wichtig für den Projekttag ist die Auswahl der aufzubauenden Stationen, die es ermöglichen sollten, die Bewegungsvielfalt von Le Parkour zu erfahren. Daher werden im Folgenden Vorschläge für Stationsaufbauten für einen Projekttag dargestellt.

tic tac

205

### 7.2.3 Stationsvorschläge

In Abgrenzung zum nachfolgenden Kapitel 8, sollten die hier dargestellten acht Stationen in vielen Turnhallen als ein großer Aufbau gleichzeitig realisierbar sein, um erstens vielen Jugendlichen die Möglichkeit zu geben, gleichzeitig aktiv zu sein und zweitens reizvolle Varianten für möglichst viele Parkour-Elemente zu schaffen.

Bei der Zusammenstellung der Stationen ist darauf zu achten, dass diese nicht zu eng beieinander sind, trotzdem aber in Vorausschau auf einen abschließenden *run* über viele Hindernisse sinnvoll verbunden werden können. Natürlich müssen immer die örtlichen Gegebenheiten und Materialvoraussetzungen berücksichtigt werden.

**Station 1 – *passements* an Kästen** (Abb. 203)
Alternativ können die Kästen auch in Reihe aufgestellt werden, damit mehrere Kästen hintereinander überwunden werden können. Der Aufforderungscharakter steigt somit auch ohne Input durch einen Experten, der die verschiedenen Sprungmöglichkeiten (*lazy*, *dash*, etc.) aufzeigt.

**Station 2 – Armsprung und Überwindung** (Abb. 204)

**Station 3 – *Tic Tac*** (Abb. 205)
An einigen Stationen, insbesondere an dieser, steigt der Aufforderungscharakter deutlich, wenn ein Start und Ziel z. B. mit Hütchen markiert wird. Dadurch wird die Laufrichtung bzw. der Laufweg deutlich gemacht.

**Station 4 – Durchbruch** (Abb. 206/207)
Alternativ zu den Mattenkeilen können hier andere Hindernisse (Bananenkisten, Seile, Kreidemarkierungen, etc.) einen Anreiz für den Durchbruch schaffen. Stehen Experten zur Verfügung, kann der Durchbruch auch am (Stufen-)Barren mit Hilfestellung ausprobiert werden.

**Station 5 – Mauerüberwindung** (Abb. 208)

**Station 6 – Präzisionssprung** (Abb. 209)
Anstatt der abgebildeten zwei Weichböden kann auch nur eine gelegt, bzw. ein anderes Ziel für den *gap jump* aufgebaut werden. Anstelle des niedrigen Balkens bietet es sich an, eine Turnbank zu verwenden, bzw. sogar je nach Zielgruppe einen hohen Balken.

Durchbruch
206

207

Mauerüberwindung
208

Präzisionssprung
209

**Station 7 – Distanzsprung** (Abb. 210)

**Station 8 – Armsprung und Mauerüberwindung**
(Abb. 211)
Alternativ zu den ausklappbaren Sprossenwänden könnte auch ein Fenstersims bzw. eine Tribüne als Hindernis fungieren.

**Übersicht über den gesamten Materialbedarf**
In der folgenden Tabelle wird der gesamte Materialbedarf für die dargestellten Stationen zusammengefasst. Dieser schöpft die Gegebenheiten und Materialien der Halle voll aus. In anderen Hallen lassen sich auch mit geringerem Materialaufwand ebenfalls schöne Stationen aufbauen, indem z. B. Tribünen, etc. eingebunden werden (siehe Abb. 225). Wenn auf Experten zurückgegriffen werden kann, ist es bspw. möglich, mit nur zwei bis drei Turnmatten die Rolle zu üben.

Die Reflexion mit Klebepunkten auf einem Plakat mit allen Stationsnamen zeigt, dass vor allem die Stationen „Mauerüberwindung" und „Distanzsprung" i. d. R. besonders beliebt sind. Beim Distanzsprung ist jedoch darauf zu achten, dass nur erfahrene Schüler Flugrollen und Salti ausprobieren. Häufig ist es aus Sicherheitsgründen sinnvoll – gerade bei jüngeren und unerfahrenen Traceuren – Flugrollen und Salti als Bewegungen auszuschließen (vgl. hierzu auch Kap. 4.1.2).

| Material | Station | | | | | | | | Summe |
|---|---|---|---|---|---|---|---|---|---|
| | 1 | 2 | 3 | 4 | 5 | 6 | 7 | 8 | |
| Große Kästen | 2 | | 3 | | | | | 1 | 6 |
| Kleine Kästen | 1 | 1 | | | 1 | 5 | 2 | | 10 |
| Turnmatten | 2–4 | 1–2 | 1–2 | 7 | 4–5 | 7 | 2–3 | 3–4 | 27–34 |
| Turnkeile | | 2 | | 3 | | | | | 5 |
| Sprossenwände | | 1 | | | | | | 2 | 5 |
| Weichböden | | 1 | 1 | | 2 | 2 | 2 | 1 | 9 |
| Niedersprungmatte (klein) | | | 1 | | | 1 | | | 2 |
| Reck | | | | 2 | | | | | 2 |
| Barren | | | | | 1 | | | | 1 |
| Bodenläufer | | | | | 1 | | | | 1 |
| Turnbock | | | | | 1 | | | | 1 |
| Balken/Bank | | | | | | | 1 | | 1 |

Tab. 5: Übersicht Materialbedarf

# Vom Geräteaufbau zur Bewegungslösung:
# 8 Kreative Aufbauideen und Bewegungskombinationen

Die folgenden Beschreibungen und Abbildungen sind als Anregungen für den Aufbau von Stationen und Bewegungslandschaften gedacht, die einen hohen Aufforderungscharakter besitzen, um diese (kunstvoll) zu überwinden. Ein großer Teil der von uns durchgeführten Parkour- & Freerunning-Stunden ist gekennzeichnet durch kreative Aufbauten, an denen jedoch nicht gezielt eine vorgegebene Bewegung geübt wird. Vielmehr sollen die Kinder und Jugendlichen hierdurch aufgefordert werden, kreative Bewältigungsmöglichkeiten für das jeweilige Hindernis zu suchen. Diese Art und Weise, Parkoursport zu inszenieren, ist dem Ursprung von Le Parkour ähnlich, da die Traceure stets mit den Gegebenheiten der städtischen Umwelt kreativ umgingen bzw. umgehen (vgl. Kap. 2).

- Klettert auf jeden Kasten, springt auf den Läufer und rollt ab.
- Die Kästen möglichst schnell/flüssig/kreativ/synchron mit dem Partner überwinden.
- Die Kästen überwinden und so wenig wie möglich den Boden berühren.
- In der Landschaft „Parkour-Fangen" spielen.

**Bemerkung**: Gerade bei heterogenen Gruppen ist es wichtig, bei den Überwindungen, insbesondere dem Katzensprung, Hilfestellung anzubieten bzw. dauerhaft an einer Station durchzuführen, um unerfahreneren Kindern und Jugendlichen die Möglichkeit zu bieten, gefahrlos und ohne Angst zu üben. Je nach Vorerfahrung und Aufgabe können sich die jungen Parkoursportler auch gegenseitig helfen.

## 8.1 Passements zum Aufwärmen

**Aufbauhinweise**: Die sechs großen Kästen sollten zur Differenzierung in verschiedenen Höhen aufgebaut werden, die kleinen Kästen dienen als Absprunghilfen.

**Mögliche Bewegungen:** Verschiedene *passements* (*lazy*, Katzensprung, *reverse*, *dash*, etc.), Rollen, Räder; je nach Abständen auch Präzisionssprünge möglich

**Mögliche Aufgaben:**
- Überwindet die beiden Kastenreihen; die eine auf dem Hin-, die andere auf dem Rückweg.
- Überwindet die Kastenreihen und macht auf dem Rückweg 2–3 Rollen/Räder auf dem Läufer.

passements

213

## 8.2 Tic tac-Varianten

### 8.2.1 Tic tac-Reihen

**Mögliche Bewegungen:** *Passements, tic tac,* Präzisionssprünge

**Bemerkung:** Das Tor steht nicht im Weg, sondern wird zur besonderen Herausforderung, da dahinter nur ein schmaler Gang frei bleibt, durch den man läuft. Auf den Weichboden kann auch verzichtet werden, da dieser – wie im Bild zu sehen – zu waghalsigen Abgängen herausfordert, die ggf. im Vorfeld zu unterbinden sind (siehe hierzu Kap. 4.1.2). Mit den Abständen der Kästen ist zu experimentieren. Nahe Abstände lassen z. T. direkte *tic tacs* von Kasten zu Kasten zu. Weite Abstände erlauben jedoch mehr Anlauf und dadurch höhere Geschwindigkeiten. Auch die Kastenhöhen können variiert werden. Niedrige Kästen erlauben direkte Sprünge oder *tic tacs* über das Hindernis. Hohe Kästen erfordern für kleine Schüler einen *tic tac,* um zunächst überhaupt auf das Hindernis zu kommen. Präzisionssprünge sind nur möglich, wenn die Landung auf den quer gestellten Kästen präzise von oben erfolgt. Dies ist an der Leistungsgrenze oft nicht mehr realisierbar. In diesem Fall sollten die Kästen längs gestellt oder festgehalten werden.

Abbildung 215 zeigt eine weitere Möglichkeit, eine *tic tac*-Reihe aufzubauen. Interessant ist hier der Anfang des Aufbaus in der Ecke, wodurch die Möglichkeit entsteht, den hinteren Kasten mit Hilfe von beiden Wänden zu überwinden.

**Bemerkungen:** Die Rutschfestigkeit der Reckstange muss geprüft werden. Bei dem vorliegenden Aufbau ist eine punktgenaue Landung von oben notwendig, damit die Stange nicht verrutscht. Ein niedriger Turnbalken wäre hier besser geeignet. Zumeist nutzen die Übenden die Reckstange lediglich, um darüber zu balancieren bzw. einen Schritt darauf zu machen und nicht um darauf zu springen. Es sollte darauf geachtet werden, dass die Distanzen zwischen den Kästen, Bänken etc. nicht zu groß werden, da die Rutschneigung der Geräte mit der Distanz der Sprünge sowohl beim Absprung als auch bei der Landung stark ansteigt (vgl. hierzu auch Kap. 4.1.1). Es kann ggf. sinnvoll sein, die Kästen/Bänke/Reckstange gegen Kippen zu sichern, indem sich Personen darauf setzen. Die Mattenkeile erleichtern den *tic tac,* da ein Abrutschen an der Wand vermindert wird, wenn der *tic tac* im flachen Winkel zur Wand abgesprungen wird.

### 8.2.2 Tic tac – Präzisionssprung (Abb. 216)

**Mögliche Bewegungen**: Armsprung, Präzisionssprung, *tic tac, tic tac*-Präzi-Kombination, Armsprung halbe Drehung-Präzisionslandung, Balancieren

### 8.2.3 Treppe & Wand (Abb. 217/218)

**Hinweise zum Aufbau:** Als „Treppe" können alle Geräte benutzt werden, die so stabil sind, dass sie dem Anlauf standhalten, ohne zu wackeln oder zu kippen.

**Mögliche Bewegungen**: Aus dem (schnellen) Anlauf über die „Treppe":
- Sprung auf die Matte nach einem Fußkontakt mit der Wand
- Sprung auf die Matte nach mehreren Fußkontakten mit der Wand
- s. o. und Sprung mit zusätzlichen Drehungen um die Körperlängsachse
- *wallflip, palmflip, sideflip, frontflip* nach ein oder zwei Fußkontakten mit der Wand (nur für Experten)
- *wallspin*

**Bemerkungen:** Die „Treppe" kann um weitere Elemente verlängert werden. Der horizontale und vertikale Abstand der „Treppen-Objekte" wird in Abhängigkeit von der Zielgruppe bestimmt, ebenso wie der Abstand des letzten Geräts zur Wand.

### 8.2.4 **Wall & Plateaus** (Abb. 219)

**Aufbau:** Parkour-*wall* (Alternative: Hallenwand, ggf. mit Matte davor), 2 x 3 Kästen mit jeweils einer festen Weichbodenmatte oder Niedersprungmatte, 2 Niedersprungmatten zwischen den Plateaus

**Mögliche Bewegungen**
- *tic tac* mit 1 oder 2 Kontakten an der *wallflip*-Schräge auf das linke oder rechte Plateau
- von Plateau zu Plateau mit Hilfe der *wallflip*-Schräge (ein oder zwei Fußkontakte)
- Sprung von Plateau zu Plateau
- *wallrun* auf den *tower*
- Sprung vom *tower* auf ein Plateau
- Kopplung mehrerer Varianten in direkter Abfolge

## 8.3 **Armsprungvarianten**

### 8.3.1 **Doppelarmsprung** (Abb. 220)

**Mögliche Bewegungen**: Präzisionssprünge, Armsprung, Katze-Armsprung, Balancieren, *demi-tour/Durchbruch/gate move* an der Sprossenwand (für Fortgeschrittene)

**Bemerkungen**: Bei Sprüngen an die Sprossenwand ist darauf zu achten, dass diese korrekt arretiert ist, da die Aufhängung sonst beschädigt werden könnte. Die Bodenverankerung wird stark entlastet, wenn nur an die wandnahe Sprossenwandhälfte gesprungen wird, da diese sowohl oben als auch unten an der Wand

**Doppelarmsprung**

220

fixiert ist. Außerdem sollte die Sprungweite limitiert bleiben, da in Ausnah-
mefällen bei harten Landungen (alte)
Sprossen brechen können. Dies kann
z. B. durch aufgestellte Turnmatten oder
Mattenkeile verhindert werden, die die
Last über eine größere Fläche verteilen
und gleichzeitig verhindern, dass Schüler mit den Füßen zwischen die Sprossen gelangen. Mattenkeile haben im
Vergleich zu aufgestellten Turnmatten
den Vorteil, dass sie nicht umfallen, sind aber eher für
kleinere Schüler geeignet, da sie sonst übersprungen
werden. Der Aufbau in Abbildung 221 eignet sich besonders für synchrone Armsprünge mehrerer Traceure.

### 8.3.2 Katze-Armsprung-Kombination (Abb. 222)

**Hinweise zum Aufbau:** Die Mattenkeile können auch
durch Turnmatten ersetzt werden. Dann muss die
Landung jedoch so hoch erfolgen, dass die erste freie
Sprosse noch gegriffen werden kann.

   **Mögliche Bewegungen**: *Passement*-Armsprung-
Kombinationen, Armsprung, *tic tac*, Präzisionssprün-
ge von Kasten zu Kasten, Salti oder andere Abgänge,
Landung und Rolle

   **Bemerkung**: Diese Station ist – so wie sie abgebildet
ist – für Fortgeschrittene. Die Kästen sind sehr hoch
und der Weichboden fordert zu Salti von den Kästen
heraus. Beim Katzensprung mit Armsprung-Landung
sollte zunächst Hilfestellung geleistet werden, ebenso
beim *tic tac* von der Wand auf den längs gestellten
Kasten. Eine Differenzierung erfolgt über die Abstände
zur Wand bzw. Sprossenwand.

### 8.3.3 Tic tac – Armsprung (Abb. 223)

**Mögliche Bewegungen**: *tic tac* auf/über die Kästen
(auch mit Hilfe der Wand); *drop* (und Rolle) von der
Sprossenwand und/oder dem Kasten; Armsprung an
die Sprossenwand (von der Niedersprungmatte, vom
Kasten oder mit *tic tac*), Durchbruch an der Sprossenwand (für Fortgeschrittene), *demi-tour* über die Sprossenwand; Präzisionssprung auf den Kasten

   **Bemerkung**: Hallenecken bieten sich für *tic tac*-
Stationen besonders an. Sie eröffnen auch unerfahreneren Kindern und Jugendlichen die Möglichkeit,
mehrere Schritte an der Wand mit Handstütz auf dem
Kasten (vgl. hierzu Abb. 89–92) zu machen. Versiertere
Parkoursportler können mehrere Schritte an der Wand
über Eck machen, ohne mit den Händen auf dem Kasten zu stützen.

### 8.3.4 Armsprung und tic tac in der Mattenecke (Abb. 224)

**Aufbau**: Zwei Weichbodenmatten mit fester Oberfläche oder zwei dicke Niedersprungmatten an der Wand,

221

**Katze-Armsprung**

222

tic tac-Armsprung

Sprossenwand (ausgeklappt)

4-teiliger Kasten

4-teiliger Kasten

2 kl. blaue Matten

Niedersprungmatte

223

Weichboden oder Niedersprungmatte auf dem Boden, Kasten oder Pferd

**Mögliche Bewegungen**: Armsprung (vom Kasten) an die Weichböden; Katze-Armsprung; Armsprung und direkt Armsprung an den anderen Weichboden.

### 8.3.5 Armsprung, tic tac & Tribüne (Abb. 225)

**Mögliche Bewegungen:** *tic tac* von Kasten-Bock-Treppe über die Wand auf die Matte; *tic tac* – Armsprung an die Tribüne; *drop* vom Geländer; *demi-tour* und *drop* am Geländer; Präzi auf das Geländer; *tic tac* zur Überwindung des Geländers von der Tribüne nach unten; *passements* (z. B. Katze, *speedvault*, *dash*) über das Geländer.

### 8.3.6 Armsprung an Tribüne – Experten (Abb. 226)

**Mögliche Bewegungen**: Armsprung, *drop*

**Bemerkung**: Diese Station ist – in der vorliegenden Variante – nur für versierte Parkoursportler geeignet, da ein sehr dynamischer Absprung erfolgen muss, um das Geländer zu erreichen. Zudem muss der Armsprung sicher beherrscht werden, da ein Abrutschen mit einem tiefen Fall verbunden ist. Wird dieser aber

Mattenecke

224

antizipiert, so kann auch ein misslungener Armsprung von erfahrenen Traceuren sicher auf den Matten gelandet werden. Ist das Geländer erreicht, kann entweder ein *drop* auf die Matten erfolgen oder ein *climb-up* auf die Tribüne. Je nach Mattenlage kann von der Tribüne wiederum ein *drop* nach unten erfolgen. Hierfür bieten sich zwei Weichböden hintereinander mit jeweils einer Niedersprungmatte darauf an, um der großen Höhe gerecht zu werden und ggf. eine Rolle anschließen zu können.

225

226

227

228

### 8.3.7 Tic tac – Armsprung an Tribüne – Experten (Abb. 227/228)

**Aufbauhinweise**: Anstelle des Sprungtisches kann auch ein Pferd verwendet werden; der Mattenblock dient der Absicherung, damit ein Traceur, der den Griff am Geländer nicht halten kann, nicht gegen den Sprungtisch oder das Pferd fällt.

**Mögliche Bewegungen**: tic tac – Armsprung, drop

**Bemerkung**: Diese Station ist – ebenso wie die vorige – versierten Parkoursportlern vorbehalten, da auch hier ein dynamischer tic tac mit deutlichem Höhengewinn Voraussetzung für einen erfolgreichen Armsprung an das Tribünengeländer ist. Dieses ist jedoch durch den zusätzlichen tic tac weitaus leichter zu erreichen, als in der zuvor beschriebenen direkten Variante ohne tic tac. Zudem kann auch kontrollierter „angetestet" werden, ob die notwendige Höhe für das Erreichen des Geländers erzielt werden kann: Zunächst wird nach Anlauf und einbeinigem Absprung vom Sprungbrett ein Schritt an die Wand mit Abdruck von der Wand gemacht (alternativ sind auch zwei Schritte möglich). Nach dem Abdruck erfolgt die kontrollierte Landung auf den Matten. Nach einigen Wiederholungen wird mit zunehmender Sicherheit im Bewegungsablauf angetestet, ob das Geländer erreicht werden kann. Erst wenn dies problemlos möglich ist, sollte der Armsprung ans Geländer erfolgen. Ist dies geschafft, kann wiederum entweder ein drop auf die Matten erfolgen oder ein climb-up auf die Tribüne.

## 8.4 Durchbruch-Varianten

### 8.4.1 Durchbruch am Doppelreck (Abb. 229)

**Mögliche Bewegungen**: Durchbruch (mit halber Drehung), Katze-Durchbruch (nur für Experten), demi-tour, underbarspin, reverse underbar, gate move

**Bemerkung**: Der Durchbruch kann an dieser Station in vielen unterschiedlichen Varianten durchgeführt werden. Neben der Variation des Anlaufes (langsam, schnell, frontal, schräg) und des Absprungs (einbeinig, beidbeinig, vom Boden, vom kleinen Kasten von einem großen Kasten) lässt sich auch die Lücke zwischen den beiden Reckstangen und die Höhe dieses „Fensters" variabel gestalten. Der Mattenkeil kann als zusätzliches Hindernis vor oder hinter das Reck gestellt werden, oder aber als Abpolsterung der unteren Reckstange fungieren. Dem Durchbruch können andere moves

Durchbruch

229

vorgeschaltet werden wie bspw. ein *demi-tour, under-bar spin* oder von sehr versierten Parkoursportlern auch eine Katze oder ein *speed vault*. Dem Durchbruch kann eine Rolle folgen.

### 8.4.2 Hoher Durchbruch (Abb. 230)

**Hinweise zum Aufbau**: Alternativ zu den Mattenkeilen können auch Bananenkisten aufgestellt werden, die jedoch leichter herunterfallen. Auch eine Zauberschnur kann als Orientierung dienen, wirkt jedoch nur bedingt als Hindernis. Die T-Stellung der beiden mittleren großen Kästen gibt beiden besondere Stabilität.

**Mögliche Bewegungen**: Präzisionssprünge, *passements, passement* in Kombination mit Präzisionslandung (z. B. Katze-Präzi). *Crane jump*, Durchbruch, Durchbruch mit halber Drehung, Rollen (als Landung). *Passe-muraille* von den Niedersprungmatten nach oben.

**Bemerkung**: Hilfe- bzw. Sicherheitsstellung am hohen Reck ist gerade bei den ersten Versuchen ratsam. Ein *run* in die andere Richtung ist hier spannend.

### 8.4.3 Durchbruch, lâché und Präzi (Abb. 231)

**Aufbau:** 3 Recks, 1 Barren, 2 kleine Kästen, diverse kleine Turnmatten, 6 verschieden Mattenkeile

**Mögliche Bewegungen:** Durchbruch (mit halber Drehung); Schwingen am Reck mit Landung auf den Kästen; flüssig von einem Kasten ans Reck auf springen, *lâché* und auf dem anderen Kasten landen; Durchbruch am Barren mit Rolle und Durchbruch am Reck.

**Bemerkung:** Am hohen Reck ist zumindest anfangs eine Hilfestellung mittels Sandwichgriff an Brust und

Rücken oder seitlich an der Hüfte bzw. mittels Klammergriff am Oberarm zu leisten. Der abgebildete Aufbau ist in dieser Höhe für etwas fortgeschrittene Parkoursportler.

## 8.5 Präzis

### 8.5.1 Präzisionslandung gefragt (Abb. 232)

**Hinweise zum Aufbau**: Die genutzten Niedersprungmatten (klein) sind für diesen Zweck optimal, da sie für die Landungen die notwendige Stabilität haben, alternativ können Turnmatten oder feste Weichböden verwendet werden.

**Mögliche Bewegungen**: ein- und beidbeinige Präzisionssprünge; *passements* am Kasten bzw. mit Präzisionslandung auf dem Mattenblock

**Bemerkungen**: An dieser Station ist es oftmals nötig, Aufgaben zu stellen, um den Kindern und Jugendlichen Ideen zu geben, welche Bewegungsprobleme hier spannend sein könnten. Die Aufgaben aus dem Abschnitt 8.1 „Passements zum Aufwärmen" können auf diese Station übertragen werden. Weitere Ideen: Präzisionssprünge mit anschließenden Rollen auf den Niedersprungmatten; mit möglichst wenigen Kontakten über den Aufbau kommen. Für Fortgeschrittene kann ein Vorwärtssalto vom Kasten auf den Mattenblock herausfordernd sein. Dafür sollte jedoch zunächst ein Weichboden in die Lücke gelegt werden. Die Landeflächen können mit Kreidemarkierungen weiter eingeschränkt werden, um die Präzis herausfordernder zu gestalten.

Präzisionslandung

232

### 8.5.2 Tic tac – Präzisionssprung (Abb. 233)

**Mögliche Bewegungen:** *Tic tac*, *tic tac* mit Drehungen, *passements* über den großen Kasten, Präzisionssprünge (einbeinig, beidbeinig), Kombinationen *tic tac* und *passements* (z. B. *tic tac* to *dash*).

**Bemerkungen**: Es ist darauf zu achten, dass die umgedrehte Bank nicht aus zu großer Distanz angesprungen wird, da diese sonst bei der Landung wegrutschen kann. Durch untergelegte Gummimatten wird das Rutschen verringert. Die Kippgefahr ist durch das Umdrehen jedoch minimiert. Bei Sprüngen aus größeren Entfernungen ist es ggf. sinnvoll, dass auf beiden Enden jeweils eine Person sitzt, um ein Wegrutschen und/oder Kippen zu verhindern. Hilfestellung bietet sich beim *tic tac* an, um ängstlicheren Übenden die Möglichkeit zu geben, Vertrauen in den Schritt an die Wand zu sammeln. Der Kasten kann zunächst sehr nahe bzw. direkt an die Wand gestellt werden.

### 8.5.3 Hohe Präzisionssprünge und Reck
(Abb. 234/235)

**Hinweise zum Aufbau**: Bei diesem Aufbau wird die Wand der Turnhalle genutzt, um die großen Kästen gegen Umfallen bei Präzis zu sichern. Außerdem lässt sich ein *tic tac* gegen die Wand auf den Kasten zurück ausführen. Die Abstände zwischen den hochgelegten Niedersprungmatten und den Recks sind zunächst nicht zu groß zu wählen. Material: 6 große Kästen, 2 Recks, 2 Weichböden, 2 kleine Kästen, 6 kleine Turnmatten, 1 Mattenkeil, 2 Niedersprungmatten (klein)

**Mögliche Bewegungen:** Präzisionssprünge, Durchbruch am Reck, Durchbruch und Landung auf dem Mattenblock, diverse Abgänge auf die Weichbodenmatten, Schwingen und Präzisionssprung, Rolle, *gap jump* und Rolle auf die Niedersprungmatten auf den Kästen.

**Bemerkung:** Die verwendeten Niedersprungmatten sind sehr fest. Dadurch lassen sich die relativ großen Abstände der Kästen unter den Niedersprungmatten realisieren. Die Landungen auf den Niedersprungmatten erfolgt sowohl vom Reck als auch von den Kästen an der Wand normalerweise am Rand, sodass diese nicht mittig belastet werden. Es ist trotzdem darauf zu achten, dass nicht in die Mitte der Niedersprungmatten gesprungen wird, da diese sonst knicken können. Der Aufbau ist eher für fortgeschrittene Traceure. Für Anfänger sind niedrigere Kästen und Reckhöhen zu empfehlen. Der Aufbau kann außerdem noch mit Barren erweitert werden. So lässt sich z. B. der Durchbruch mehrmals hintereinander auf verschiedenen Ebenen durchführen (Abb. 235).

233

234

235

## 8.6 High-jumps

### 8.6.1 High-jump mit Absprunghilfe

high jump

236

**Hinweise zum Aufbau**: Weitere Aufbauvarianten siehe Arbeitsmaterial 3 der Unterrichtsreihe zu Le Parkour in der Sekundarstufe 1 (Kap. 6.3). Bei der hier darge-stellten Variante (Abb. 236) ist zusätzlich ein 3-teiliger Kasten aufgebaut. Als Hindernis wird ein Sprungseil oder eine Matte eingesetzt.

**Mögliche Bewegungen:** Einbeiniger Absprung vom Kasten und Sprung über die unterschiedlichen Hin-dernisse, ggf. mit angeschlossener Rolle. Der 3-teilige Kasten kann als Absprunghilfe genutzt oder über-sprungen werden. Bei Nutzung des 3-teiligen Kastens als Absprunghilfe sollte eine größere Distanz zwischen Kasten und zu überspringendem Hindernis geschaffen werden.

**Bemerkung**: Diese Station ist unserer Erfahrung nach besonders motivierend, da die Parkoursportler die zu überspringende Höhe (gefahrlos) Stück um Stück mit jedem Sprung steigern können. Aufgrund der sehr unterschiedlichen Höhen, die von Sprung zu Sprung bzw. Springer zu Springer ohne Aufwand vari-

iert werden können, bietet dieser Aufbau ein hervorra-gendes Differenzierungspotenzial. Im Sinne einer pro-gressiven Steigerung der Schwierigkeit liegt folgendes Vorgehen nahe:

- Zunächst wird der einbeinige Absprung vom Kasten mit Landung (und Rolle) ausprobiert.
- Anschließend wird als erstes „Hindernis" ein Seil eingesetzt, dessen Höhe jeder Traceur vor seinem Sprung selbst bestimmt.
- Anschließend wird über die quer gestellte Matte gesprungen, die von zwei Helfern zusätzlich noch hoch gehoben werden kann (Abb. 237), bevor sogar

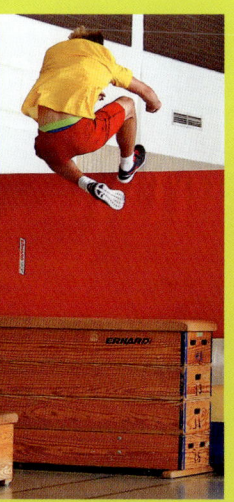

237

**238**

die hochkant gestellte Matte als Hindernis übersprungen wird – mit oder ohne Hilfe des großen Kastens.

- Da die Matte nicht fixiert ist, sondern bei Berührung umkippen bzw. von den Haltenden losgelassen werden kann, besteht keine Gefahr, wenn der Sprung zu tief ist (Abb. 238).

### 8.6.2 High-jump mit Kastentreppe (Abb. 239)

**Hinweise zum Aufbau**: Prinzipiell kann die Kastentreppe beliebig viele Stufen haben. Es empfiehlt sich, als erste Stufe Turnmatten aufzuschichten, da diese im Vergleich zu einem Kastendeckel auf dem Boden nicht wegrutschen. Die Landefläche sollte mindestens zwei Weichböden lang sein, die gegen ein Wegrutschen nach hinten abgesichert werden. Leider entsteht in der Mitte der aneinandergelegten Matten ein Spalt. Daher ist eine große Hochsprungmatte am besten geeignet. Die Zauberschnur sollte an einer Seite so befestigt sein, dass sie von hängenbleibenden Schülern gerissen werden kann. Dadurch wird das Umfallen der Hochsprungständer verhindert.

**Mögliche Bewegungen:** Sprünge (Präzisionssprünge, Weitsprünge, Weit-Hochsprünge), Salti, *passements*

**Mögliche Aufgaben**

- die Kastentreppe hochlaufen und möglichst hoch/weit einbeinig/beidbeinig abspringen
- über eine Zauberschnur springen, die in Höhe und Weite variiert werden kann
- von der Kastentreppe abspringen und nach der Landung eine Rolle ausführen
- einbeinig/beidbeinig hochspringen
- Aufgaben beim Hochlaufen der Kastentreppe:
  - je ein Kontakt pro Kasten
  - je zwei Kontakte pro Kasten
  - viele kleine Trippelschritte
  - den ersten Kasten oder die Turnmatten und den zweiten Kasten auslassen
  - mit möglichst wenigen Schritten
  - mit/ohne Armeinsatz
- Salto (einbeinig, beidbeinig); für Fortgeschrittene
- Salto über die Zauberschnur

**Bemerkung**: Dieser Aufbau kommt ursprünglich aus dem Wintertraining der Leichtathletik. Springen und (schnelles) Laufen sind jedoch wichtige Bestandteile des Parkoursports, weshalb dieser Aufbau auch im Parkourtraining seine Berechtigung hat. Zudem haben die Kinder und Jugendlichen unserer Erfahrung nach viel Freude beim Experimentieren mit diesem Geräteaufbau. Gerade bei höheren Sprüngen sollte jedoch

**239**

die Landung in den Fokus gerückt werden: Ab wann sollte abgerollt werden? Für Fortgeschrittene bietet dieser Aufbau eine gute Möglichkeit, Salti (insbesondere einbeinig) aus dem Lauf über ein Hindernis auszuprobieren. Die Selbsteinschätzung ist oft nicht so, dass die in der Höhe von den Übenden selbst eingestellte Schnur unberührt übersprungen wird. Dadurch erhält der Springer eine gute Rückmeldung über seine Absprungtechnik: Geht der Absprung (zu weit) nach vorne oder gelingt ein Absprung nach oben?

## 8.7 Car jump

**Hinweise zum Aufbau**: Die Station *car jump* ist in dieser Variante mit drei zusammengerollten und zu einer Pyramide gestapelten Bodenläufern aufgebaut. Auf beiden Seiten der Bodenläufer-Pyramide liegen mehrere Turnmatten, sodass die Läufer nicht auseinander rutschen können. Ein vierter Bodenläufer wird über den Aufbau gelegt. Er sollte jedoch nur auf der Anlaufseite und über den drei Läufern liegen, nicht mehr auf der Landeseite. Grund hierfür ist, dass der Läufer am Übergang zum Boden immer etwas hohl liegt (Abb. 240). Dies ist auf der Anlaufseite kein Problem, da der Absprung immer deutlich vor dem Hindernis erfolgt, wie in der Abbildung 241 zu erkennen ist. Die Station ist jedoch relativ lang, sodass der Springer häufig sehr dicht hinter dem Hindernis aufkommt und eine große Distorsions(Umknick)-Gefahr durch den Hohlraum eines darüber liegenden Läufers bestünde.

Die wenigsten Sporthallen verfügen über vier Bodenläufer, sodass häufig alternative Aufbauvarianten zum Einsatz kommen, z. B.
- Kasten und alter, nicht mehr für Landungen verwendeter Weichboden
- Mattenwagen

**Hinweise zu Bewegungsmöglichkeiten:** Die Station *car jump* kann auf unterschiedliche Weise überlaufen und überklettert werden. Darüber hinaus können verschiedene Parkour- und Freerunning Bewegungen zur Überwindung eingesetzt werden, z. B. Katze, *dash* (vgl. Abb. 241), *webster* oder *sideflip* (Abb. 242).

240

241

242

243

## 8.8 Hin und zurück (Abb. 243)

**Hinweise zum Aufbau:** 2 Weichböden, 3 große Kästen, 1 kleiner Kasten, 2 Bänke, 1 Sprossenwand, 1 Niedersprungmatte, 6 kleine Turnmatten, 2 Mattenkeile

  **Hinweise zu Bewegungsmöglichkeiten:** Die folgende Abbildung zeigt einen Aufbau, der zwei Bewegungsrichtungen ermöglicht: Von links nach rechts und von rechts nach links. An diesem Aufbau bieten sich besonders Präzisionssprünge, *passements*, *tic tac* und der Armsprung an die Sprossenwand an. Während Sprünge von einem zum anderen Hindernis naheliegend sind, kann z. B. auch die Wand genutzt werden, indem mittels *tic tac* an die Wand bzw. den Weichboden von einem zum anderen Kasten gesprungen wird. Das ist auch für kleinere, aber fortgeschrittene Kinder möglich. Besonders interessant an diesem Aufbau ist für die Übenden außerdem die Möglichkeit, die Niedersprungmatte auf den beiden großen Kästen ein wenig von der Wand weg zu ziehen. So kann in den schmalen Schlitz an der Wand gesprungen oder gerutscht werden (siehe Pfeil bei Abb. 243), um anschließend wieder aus der Höhle herauszurollen.

## 8.9 Das Haus (Abb. 244)

**Aufbau:** 3 Weichböden, 2 Niedersprungmatten, 6 große Kästen, 5 kleine Turnmatten, 1 Bodenläufer unterlegt mit Turnmatten, evtl. 1 Minitrampolin

  **Mögliche Bewegungen:** Verschiedene *passements*, Rollen, Salti, Freerunningelemente am Boden, Präzisionssprünge, *slides* und Durchbruch durch die Lücke zwischen oberem und unterem Block (siehe Pfeil in Abb. 244).

  **Bemerkungen:** Dieser Aufbau eignet sich besonders zur Gestaltung einer Gruppenchoreografie und deren Präsentation. Sofern man die ganze Gruppe einbinden möchte, ist dabei wichtig, dass sowohl für Fortgeschrittene als auch für Anfänger attraktive Bewegungsmöglichkeiten gegeben sind. Der Aufbau ist ortsunabhängig, da keine Reckstangen oder ähnliches benötigt werden. Besonders interessant ist für die Traceure die Möglichkeit, weite *passements* (Doppelkatze, *reverse*) über die hochgelegten Niedersprungmatten auszuprobieren. Herausfordernd sind auch *gap jumps* vom rechten großen Kasten auf die Niedersprungmatten. Das hinter dem großen Block stehende Minitrampolin kann weggelassen werden, da es nicht im Mittelpunkt steht.

## 8.10 Gitterleiter (Abb. 245)

**Hinweise zum Aufbau:** Da das Handballtor relativ nah an der Landefläche steht, sollte es – sofern es nicht verschoben werden kann – durch eine Matte gesichert werden. Auf der Niedersprungmatte liegen zusätzlich Turnmatten, um die Landungen zu dämpfen.

244

## Bewegungsmöglichkeiten

Wand/Niedersprungmatte
- Schritt/Schritte *an* und Abdruck *von* der Wand mit Landung auf der Niedersprungmatte (und anschließender Rolle)
- Armsprung von der Niedersprungmatte an die Wand
- *wallflip; wallspin*
- *wallrun*
- *tic tac* auf den Kasten

Kasten
- *crane* auf den Kasten
- Armsprung vom Kasten an die Leiter
- Armsprung vom Kasten an die Wand
- *climb-up* vom Kasten auf das Sims

Gitterleiter
- *drop* (und Rolle) von der Leiter
- *gap jump* von der Leiter auf die Niedersprungmatte
- Durchbruch
- unterschiedliche Klettervarianten
- *lâché*
- *flips* und *spins* von Kasten oder Leiter für Freerunning-Experten

Sims
- um auf das Sims zu kommen: *wallrun*, Armsprung und *climb-up* (von der Niedersprung- oder Weichmatte oder vom Kasten), von der Leiter aus
- Balancieren auf dem Sims
- Übergang zur Gitterleiter
- *drop* oder *gap jump* auf die Niedersprungmatte oder den Weichboden

## 8.11 Cube-Geräte

Mittlerweile gibt es von unterschiedlichen Herstellern speziell für den Parkoursport konzipierte Geräte, wie bspw. die in diesem Kapitel exemplarisch abgebildeten von Cubesports (http://www.cubesports.de). Die einzelnen Elemente können vielfältig ohne großen Aufbauaufwand kombiniert werden und bieten zahlreiche Bewegungsmöglichkeiten aus dem Bereich des Parkoursports. Sicherlich werden die wenigsten Vereine oder gar Schulen ein komplettes Parkour-Set auf einmal finanzieren können. Jedoch können nach und nach Elemente angeschafft werden, bspw. wenn alte/kaputte Turnkästen durch Parkour-Kästen ersetzt werden. Diese sind zwar leider nicht höhenverstellbar, ansonsten aber als Turnkästen vollwertig einsetzbar. Zudem ist ihre Stabilität deutlich höher. Praktisch alle Parkour-Geräte sind nicht nur für Parkoursport, sondern auch für Bewegungslandschaften bspw. im Kinderturnen oder für abenteuerpädagogische Aufgaben einsetzbar. Daher sollte v. a. auch bei Neuausstattungen in Betracht gezogen werden, die Halle mit einigen Parkour-Geräten an Stelle klassischer Turngeräte auszustatten.

Die Cube-Geräte eignen sich auch für den Einsatz outdoor (Abb. 246).

*tower* zum Kasten, vom Kasten zum Block; von der Tribüne zum Block; Präzis von Balken zu Balken; Balancieren; *demi-tour*; Durchbruch; *wallflip* und andere *flips* an der *walflip-Schräge* oder vom Kasten oder den *towern*; *tic tac*-Armsprung mit Hilfe der Wand an das Geländer; Armsprung an die Halterungen an den *towern*; *wallrun/passe-muraille* an den *towern* mit oder ohne Hilfe der *wallflip*-Schräge.

### 8.11.1 Cube tower (Abb. 247)

**Hinweise zum Aufbau:** Aufgrund der relativ großen Höhe, aus der die Traceure kommen, wenn sie von den *towern* springen, sollte ein (gegen Wegrutschen gesicherter) fester Weichboden verwendet werden. Alternativ kann eine Niedersprungmatte auf einen Weichboden gelegt werden.

**Bewegungsmöglichkeiten**: *gap jumps* vom *tower* auf den (festen) Weichboden, von *tower* zu *tower*, von

### 8.11.2 Cube-Rundlauf (Abb. 248)

Die Cube-Geräte lassen sich zu einem (fast) geschlossenen Rundlauf kombinieren, der sich auf vielfältige Art (mit offenen/geschlossenen, alleine, zu zweit, in Kleingruppen...) beklettern lässt. Darüber hinaus lassen sich praktisch alle in Kapitel 5.1 beschriebenen Parkourbewegungen und viele in Kapitel 5.2 dargestellten Freerunning-*moves* realisieren. Eine weitere Absicherung mit Matten ist für viele Bewegungen notwendig.

### 8.11.3 Geräte-Cube-Kombi (Abb. 249)

**Aufbau:** 2 Plateaus mit jeweils 3 großen Kästen und einem festen Weichboden (oder einer Niedersprungmatte); Niedersprungmatten für Sprünge von den Plateaus, hinter dem Parkour-Kasten und zwischen den Parkour-Geräten; Turnmatten; *tower* mit *wallflip*-Schräge und Geländer; 2 Balken als Verbindung von *tower* und Parkour-Kasten bzw. *tower* und Wand, die am Reck eingehängt ist.

**Bewegungsmöglichkeiten**: An dieser Station sind praktisch alle in Kapitel 5.1 vorgestellten Parkour-Bewegungen und fast alle in Kapitel 5.2 erläuterten Freerunning-*moves* durchführbar.

## 8.12 Parkourlandschaften in der Hallenübersicht

250

251

252

253

## 8.13 Zusammenfassung

In diesem Kapitel haben wir – ausgehend von Gerätelandschaften bzw. Gerätekombinationen in der Sporthalle – Bewegungsmöglichkeiten aufgezeigt, die jedoch eher als Anregungen denn als erschöpfender Katalog verstanden werden sollen. Die Aufbaugelegenheiten sind durch die Gerätegegebenheiten der jeweiligen Sporthalle limitiert und müssen individuell an die spezifische Situation angepasst werden.

Bei Anfängern ist oft zu beobachten, dass die Frage „Was kann man hier denn noch machen?" nicht selbst beantwortet werden kann. In diesen Fällen bietet sich ein Stationsbetrieb an, bei dem die Parkour-Neulinge mit Hilfe von Stationskarten oder Hinweisen des Übungsleiters bzw. der Lehrkraft unterschiedliche Bewegungsformen kennen lernen und dabei kontinuierlich einen Parkourblick (vgl. Kap. 3.5) entwickeln. Erfahrenere Parkoursportler können indes dazu angehalten werden, Stationen selbst (weiter) zu entwickeln. Es ist spannend zu beobachten, wie durch die Kreativität der Kinder und Jugendlichen immer wieder neue Stationen und Bewegungskombinationen entstehen.

# Literatur

Aschebrock, H. (2001). Lehrplanentwicklung im Sport. In H. Haag & A. Hummel (Hrsg.), *Handbuch Sportpädagogik* (S. 138–148). Schorndorf.

Bähr, I. (2005). Kooperatives Lernen im Sportunterricht. *sportpädagogik* (6), 4–9.

Bähr, I. (2008). Kunststück! Pädagogische Chancen der Bewegungskünste. *sportpädagogik* (4+5), 4–10.

Baumann, N. & Hundeloh, H. (2007). *Alternative Nutzung von Sportgeräten*. München: GUV.

Belle, D. (o. J. a). *175 Seconds of Precision. Remington-Werbung mit David Belle.* Zugriff am 06.07.2013 unter http://youtu.be/KQAencn75NE.

Belle, D. (o. J. b). *Interview mit David Belle.* Zugriff am 06.07.2013 unter http://youtu.be/HGoRHX4nHnI.

Belle, D. (o. J. c). *Le Parkour: David Belle. Interview mit David Belle von le-parkour.com.* Zugriff am 06.07.2013 unter http://davidbelle.com/parkour-2.

Belle, D. (o. J. d). *Website von David Belle. david.belle.com/parkour-2.* Zugriff am 06.07.2013 unter http://davidbelle.com/parkour-2/.

Belle, D. (2000). *Dokumentation von TF1 über Le Parkour und David Belle.* Zugriff am 09.07.2013 unter http://vimeo.com/3964893.

Bruckmann, M. (1991). Praktische Anleitungen zum Hilfegeben. *sportpädagogik, 15* (1), 25–44.

Deutsche Gesetzliche Unfallversicherung (Hrsg.) (2008). *GUV-Information. Außenspielflächen und Spielplatzgeräte.* Zugriff am 26.07.2013 unter http://www.unfallkasse-nrw.de/fileadmin/server/download/Regeln_und_Schriften/Informationen_Schueler-UV/SI_8017.pdf.

Foucan, S. (o.J.). *Internetpräsenz von Sébastien Foucan.* unter http://www.foucan.com/.

Foucan, S. (2013). *Sébastien Foucan – Workshop Denmark.* Zugriff am 06.07.2013 unter http://youtu.be/n8pFx3-Hwp4.

Freerunning.net. *freerunning.net Internetpräsenz.* Zugriff am 06.07.2013 unter http://www.freerunning.net.

Funke, J. (1992). Die Perspektive der Körpererfahrung und ihre Bedeutung bei der gezielten Vermittlung im Turnen. In G. Treutlein, J. Funke & N. Sperle (Hrsg.), *Körpererfahrung im Sport. Wahrnehmen – lernen – Gesundheit fördern* (ADH-Schriftenreihe des Hochschulsports, 13, S. 131–139). Aachen: Meyer & Meyer.

Funke-Wieneke, J. (2000). Bewegen an Geräten – Turnen. In Landesinstitut für Schule und Weiterbildung NRW (Hrsg.), *Erziehender Schulsport. Pädagogische Grundlagen der Curriculumrevision in Nordrhein-Westfalen* (S. 283–308). Bönen/Westfalen: Verl. für Schule und Weiterbildung Kettler.

Gugutzer, R. (2012). *Verkörperungen des Sozialen. Neophänomenologische Grundlagen und soziologische Analysen.* Bielefeld: Transcript.

GUV (2002). *Matten im Sportunterricht.* Zugriff am 15.06.2013 unter http://www.sichere-schule.de/_docs/pdf/guv_si-8035.pdf.

Gygax, S. (2013). Parkour ist Philosophie und Lebensschule. *Berner Landbote, 2013* (11), 24. Zugriff am 15.07.2013 unter http://parkourone.de/hochladen/parkour_landbote.pdf.

HKM (2010). *Lehrplan Sport. Gymnasialer Bildungsgang. Jahrgangsstufen 5G bis 9G und gymnasiale Oberstufe.* Zugriff am 18.07.2013 unter http://www.kultusministerium.hessen.de/irj/HKM_Internet?uid=3b43019a-8cc6-1811-f3ef-ef91921321b2.

HKM (2011). *Bildungsstandards und Inhaltsfelder. Das neue Kerncurriculum für Hessen. Sekundarstufe 1 Gymnasium. Sport.* Zugriff am 03.07.2013 unter http://verwaltung.hessen.de/irj/servlet/prt/portal/prtroot/slimp. CMReader/HKM_15/HKM_Internet/med/c56/c5660e7a-7f32-7821-f012-f31e2389e481,22222222-2222-2222-2222-222222222222.

Krick, F. (2008). *Bildungsstandards eines Erziehenden Sportunterrichts am Beispiel des Bewegungsfeldes „Bewegen an und mit Geräten". Eine Unterrichtsreihe zu Le Parkour.* unveröffentlichte Examensarbeit (2. Staatsexamen). Frankfurt am Main: Studienseminar für Gymnasien.

Krick, F. (2012). Bewegen an und mit Geräten – Turnen. In V. Scheid & R. Prohl (Hrsg.), *Sportdidaktik. Grundlagen, Vermittlungsformen, Bewegungsfelder* (S. 169–190). Wiebelsheim: Limpert.

Krick, M. & Krick, F. (2012). Verbessern durch Feedback. *sportpädagogik* (3+4), 34–39.

Langer, A. & Körber, S. (2008). *Schulleben und Schulkultur. Das Praxis-Handbuch für die Grundschule* (1. Aufl.). München: Oldenbourg.

Mikulasch, J. (o. J.). *Méthode naturelle. Internetseite www.methodenaturelle.de.* Zugriff am 30.06.2013 unter http://www.methodenaturelle.de.

Neumann, P. (2008). Wagniserziehung im Schulsport: eine kritisch-konstruktive Betrachtung. In H. Lange & S. Sinning (Hrsg.), *Handbuch Sportdidaktik* (S. S. 194–205). Balingen: Spitta.

Parkour Association e. V. (2007). *Website der Parkour Association e. V. Parkour – The Original.* Zugriff am 30.06.2013 unter http://www.myparkour.com/.

Parkour Germany. *Internetpräsenz von Parkour Germany.* Zugriff am 12.07.2013 unter http://www.parkour-germany. net/.

Pott-Klindworth, M. (2008). Vom Bildungspotential des Turnens. In M. Roscher (Hrsg.), Ästhetik und Körperbildung. Tagung der dvs-Kommission Gerätturnen in Zusammenarbeit mit dem Institut für Sport und Sportwissenschaften der Universität Basel vom 18. – 20. September 2006 in Magglingen *(Schweiz)* (Schriften der Deutschen Vereinigung für Sportwissenschaft, 177, S. 33–40). Hamburg: Czwalina.

Pott-Klindworth, M. & Roscher, M. (2009). Bewegen an Geräten. In R. Laging (Hrsg.), *Inhalte und Themen des Bewegungs- und Sportunterrichts. Von Übungskatalogen zum Unterrichten in Bewegungsfeldern* (S. 160–178). Baltmannsweiler: Schneider-Verl. Hohengehren.

Prohl, R. (2004). Vermittlungsmethoden – eine erziehungswissenschaftliche Lücke in der Bildungstheorie des Sportunterrichts. In M. Schierz (Hrsg.), *Sportpädagogisches Wissen: Spezifik – Transfer – Transformation; Jahrestagung der dvs-Sektion Sportpädagogik vom 19. – 21. Juni 2003 in Hayn* (S. 117–127). Hamburg: Czwalina.

Prohl, R. (2010). *Grundriss der Sportpädagogik* (3., korrigierte Aufl.). Wiebelsheim: Limpert.

Prohl, R. & Krick, F. (2006). DSB-Sprint-Studie. Eine Untersuchung zur Situation des Schulsports in Deutschland. In DSB (Hrsg.), *DSB-SPRINT-Studie. Eine Untersuchung zur Situation des Schulsports in Deutschland ; [ein Projekt unter Federführung der Deutschen Sportjugend]* (Sportunterricht in Deutschland Sprint, S. 19–52). Aachen: Meyer & Meyer.

Prohl, R. & Scheid, V. (2012). Bewegungskultur als Bildungsmedium. In V. Scheid & R. Prohl (Hrsg.), *Sportdidaktik. Grundlagen, Vermittlungsformen, Bewegungsfelder* (S. 18–34). Wiebelsheim: Limpert.

Rochhausen, S. (2013). *Parkoursport im Schulturnen – Band 2.* [S.l.]: Books on Demand.

RTL Hessen (2012). *Junge Parkour Akrobaten. Leichtfüßig unterwegs.* Zugriff am 15.07.2013 unter http://www.rtl-hessen.de/videos.php?video=20509.

Schmidt-Sinns, J. (2008). Parkour – hier ist der Weg das Ziel. Die junge Sportart „Le Parkour" macht Orientie-
rungsläufer, Klettermaxe und Straßenturner in einer Person erforderlich. *Lehrhilfen für den Sportunterricht,*
*57* (9), 1–4.

Schmidt-Sinns, J. & Scholl, S. (2010). Freerunning – mit Spin und Flip den Unterricht bereichern. *Lehrhilfen für den*
*Sportunterricht, 59* (2), 5–13.

Schmidt-Sinns, J., Scholl, S. & Pach, A. (2011). *Le Parkour und Freerunning. Das Basisbuch für Schule und Verein*
(2. Aufl.). Aachen: Meyer & Meyer.

Schott, T. (2003). *Kritik der Erlebnispädagogik*. Würzburg: Ergon.

Shieff, Timothey (2011). Imagination is everything. Zugriff am 29.08.2013 unter http://youtu.be/vrulLtPTcjw.


Unfallkasse Nordrhein-Westfalen (2009). *Parkour in der Schule. Zugriff am 26.07.2013* unter http://www.unfallkasse-
nrw.de/praevention/schulen/sport-bewegung-spiel/parkour/.

Unfallkasse Sachsen – Gesetzliche Unfallversicherung (2012). *Klettern in der Pause. Eine Boulderwand für unsere*
*Schule.*


Witfeld, J., Gerling, I. & Pach, A. (2010). *Parkour und Freerunning. Entdecke deine Möglichkeiten.* Aachen: Meyer &
Meyer.

# Verzeichnis der Bewegungen

## Chronologisch

5.1 Parkour-Grundbewegungen

    5.1.1  Landungen
Rolle, Vierpunktlandung, Crane (Jump), Präzi, Armsprung

    5.1.2  Vaults
Lazy, Speed vault, Reverse, Katze und Varianten, Dash, Tic tac, Gap jump, Drop

    5.1.3  Weitere Techniken
Wallrun, Gate move, Demi-tour, Durchbruch, Reverse underbar, Balancieren, Lâché

5.2 Freerunning – Bewegungen ausgestalten

    5.2.1  Kreative Hindernisüberwindungen
Rolle, In and out, Handstand-Katze-Kombination, Fifty-fifty, Yamakasi, Ashigaru, Ledge roll

    5.2.2  Überschlagbewegungen
Gate-move-Variante, Nackenkippe über ein Hindernis

    5.2.3  Verbindungselemente
Rad, Back walk-over

    5.2.4  Spins
Broken-arm spin, Wallspin, Palmspin, Underbar spin

    5.2.5  Weitere einfache Freerunning-Bewegungen
Slide, Tic tac-Variationen

    5.2.6  Flips – Fortgeschrittene Freerunning-Bewegungen
Wallflip, Swing-backflip (Salto-Abgang vom Reck), Palmflip, Sideflip, Webster

## Alphabetisch

| Bezeichnung | Seiten | Bezeichnung | Seiten |
|---|---|---|---|
| Armsprung | 36 f | Palmflip | 73 |
| Ashigaru | 62 | Palmspin | 68 |
| Back walk-over | 64 f | Präzi | 32 ff |
| Balancieren | 56 f | Rad | 64 |
| Broken-arm spin | 65 f | Reverse | 40 |
| Crane | 32 | Reverse underbar | 56 |
| Dash | 45 f | Rolle | 30 f, 59 |
| Demi-tour | 54 | Sideflip | 73 f |
| Drop | 51 f | Slide | 69 |
| Durchbruch | 54 ff | Speed vault | 39 |
| Fifty-fifty | 60 f | Swing-backflip | 73 |
| Gap jump | 50 f | Tic Tac | 46 ff |
| Gate move | 54 | Tic Tac-Variationen | 69 f |
| Gate-move-Variante | 62 f | Underbar spin | 68 |
| Handstand-Katze-Kombination | 60 f | Vierpunktlandung | 31 |
| In and out | 59 | Wallflip | 70 ff |
| Katze und Varianten | 40 ff | Wallrun | 52 ff |
| Lâché | 57 f | Wallspin | 66 ff |
| Lazy | 38 | Webster | 74 |
| Ledge roll | 62 | Yamakasi | 61 |
| Nackenkippe über ein Hindernis | 63 f | | |

# Bildnachweis

**Anna Walther**: 7, 93, 107, 130, 132, 150

**Christian Engels**: 1, 8, 9, 44, 45, 48, 49, 53, 54, 56, 58, 62, 63, 67, 68, 75, 79, 87, 88, 94, 96, 97, 108, 157, 160, 171, 219, S. 136 (2)

**Christoph Walther**: 2, 5, 6, 13, 15–25, 27–29, 41–43, 46, 47, 50, 55, 59, 64–66/U4 (2), 69–74, 76–78, 81–84, 100, 104, 106, 111–117, 120–127, 131, 133–138, 140, 143–146, 148, 149, 151, 153–156, 158, 159, 161, 163, 165, 166, 170, 173–183, 189–191, 194, 196, 199, 203–217, 220–222, 224, 225, 229–239, 243, 244, 247, 252, 253; Arbeitsmaterialien 5, 6, 14, 17

**Christoph Walther, Florian Krick**: 4

**Cube Sports GmbH Köln**: 246

**Eglė Šimkutė**: 192, 195, 198, 200–202

**Florian Heidenreich**: 32, 152, 172, 193; Arbeitsmaterialien 2, 3

**Florian Krick**: 14, 218, 226–228, 245, 251; Arbeitsmaterialien 1, 8, 9

**Marcel Pursche**: 139, 142

**Margarethe Meisinger**: 86, 89–92, 105, 168, 240–242, 249, 250

**Melanie Krick**: 223

**Michelle Fraikin – Cube Sports GmbH Köln**: 248

**Philipp Fischer**: 128, 129; Arbeitsmaterial 16

**Thilo Beck**: S. 8/U4 (1), 6/U4 (3), 10–12, 26, 30, 31, 33–40, 51, 52, 57, 60, 61, 80, 85, 95, 98–103, 109, 110, 118, 119, 141, 147, 162, 164, 167, 169, 197, S. 136 (1)

**Titelbild**: Thilo Beck; bearbeitet von Christoph Walther

# Die Autoren

**Dr. Florian Krick** (*1978) ist Oberstudienrat (Fächer Sport und Französisch) an der Schule am Ried in Frankfurt am Main sowie wissenschaftlicher Mitarbeiter des Instituts für Sportwissenschaften (IfS) der Goethe-Universität Frankfurt (Fachleitung Bewegen an Geräten). Aktuelle Arbeitsschwerpunkte: Praxis und Didaktik der Bewegungsfelder (v. a. Bewegen an Geräten; turnerische Bewegungskünste; Fahren, Rollen, Gleiten), Bildungsstandards und Kompetenzorientierung im Sportunterricht.

Florian Krick unterrichtet Le Parkour & Freerunning regelmäßig in der Schule, thematisiert diese Bewegungsformen im Rahmen unterschiedlicher universitärer Veranstaltungen und führt regelmäßig (Lehrer-)Fortbildungen zu Le Parkour & Freerunning durch.

Aktuelle Entwicklungen und Materialien für Sportunterricht veröffentlicht Florian Krick in Kooperation mit anderen Autoren auf gefängnisball.de.

**Anschrift**: Goethe-Universität Frankfurt, Institut für Sportwissenschaften, Ginnheimer Landstraße 39, 60487 Frankfurt am Main. E-mail: f.krick@sport.uni-frankfurt.de; flokrick@googlemail.com

**Dr. Christoph Walther** (*1984) ist Lehrer für die Fächer Mathematik und Sport an der Elisabethenschule in Frankfurt am Main.

Christoph Walther leitet eine Parkour-AG und führt regelmäßig Unterrichtsreihen zu Le Parkour und Freerunning im Sportunterricht durch. Die Inhalte dieses Buches sind regelmäßig Thema in seinen Lehrer- und Übungsleiterfortbildungen.

In Zusammenarbeit mit der Goethe-Universität leitet Christoph Walther die Kletterausbildung für Lehramtsstudierende.

Aktuelle Entwicklungen und Materialien für Sportunterricht veröffentlicht Christoph Walther in Kooperation mit anderen Autoren auf gefängnisball.de.

**Anschrift**: Alt-Eschersheim 33, 60433 Frankfurt am Main. E-mail: leparkour@chwalther.de; www.gefängnisball.de